Hélène Le Berre

Gédéon et ses amis

Le Temps Apprivoisé

Remerciements
Merci à Kids Gallery pour la le canard à roulettes (p. 39), chaise (p. 49), le lapin (p. 49), à Petit Pan pour le coussin bleu à motifs (p. 35) et à Just For Life pour les figurines animaux.

Kids Gallery : 8, avenue de Villars, 75007 Paris, www.kidsgallery.fr
Petit Pan : www.petitpan.com
Just For life : 20, rue Houdon, 75018 Paris, tél. 01 42 23 07 14

Direction éditoriale : Valérie Gendreau
Édition : Isabelle Riener
Relecture : Annie Testart-Louange
Conception graphique : Anne Bénoliel-Defréville
Mise en pages : Bärbel Müllbacher
Couverture : Anne Bénoliel-Defréville, Vincent Rioult
Photographies : Claire Curt
Stylisme : Dominique Turbé
Fabrication : Géraldine Boilley-Hautbois, Hervé Bienvault, Louise Martinez
Photogravure : Nord Compo

ISSN : 2101-1168
ISBN : 978-2-299-00130-2
Dépôt légal : février 2011

Le Temps Apprivoisé
7, rue des Canettes
75006 Paris

http://www.letempsapprivoise.fr

Préface

Comment ne pas craquer pour l'indétrônable et adorable Gédéon ?
Entouré de ses amis Roudoudou le lapin, Mistigri le chat, ou encore Gaston l'éléphant, le revoici caquetant fièrement.
Il est aujourd'hui tout guilleret à l'idée d'une promenade dans l'univers de nos enfants, et prêt à charmer les mamans avec son célèbre regard en coin.
Fidèle au style inimitable de Benjamin Rabier, ce petit livre de motifs multiplie les scénettes au point de croix, toujours pleines de fraîcheur.
À vous de choisir entre les aplats de couleur, les crayonnés, les monochromes ou les bigarrés.
La toile dans une main, l'aiguille dans l'autre, en route pour des broderies douces en aventures et poésies...

Sommaire

Le matériel

LES TOILES

Les broderies ont été réalisées sur des toiles de lin à 11 fils (soit 5,5 points au cm). Elles offrent de belles couleurs, du bleu grisé au rose poudré, en passant par le lin naturel et l'ivoire. Avant de commencer à broder, surfilez la toile sur ses 4 côtés pour éviter qu'elle ne s'effiloche. Pour trouver le centre, pliez-la en quatre, et marquez le centre avec 1 épingle ou 1 croix au crayon textile. Tendez la toile sur un métier à broder ou un tambour rond pour travailler plus confortablement.

LES AIGUILLES ET LES FILS

Choisissez une aiguille à bout rond (ici, les broderies ont été réalisées avec une aiguille n° 24), et gardez à portée de main des petits ciseaux de broderie. Les fils utilisés sont des cotons moulinés à 6 brins. Le plus souvent, on utilise 2 brins pour broder le motif au point de croix, et 1 brin pour les points de piqûre qui soulignent les motifs.

Petite leçon de point de croix

COMMENCER LA BRODERIE

Débutez la broderie au centre de la toile en commençant par le centre de la grille. Lorsque le centre se situe dans une zone non brodée, il suffit de compter les carrés qui séparent de la zone à broder la plus proche, pour trouver alors le 1er point à broder.

Le point de croix

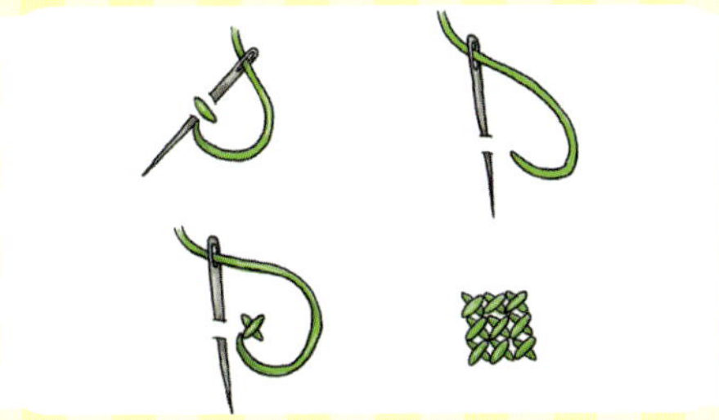

Il est fait de 2 points obliques, posés en travers l'un de l'autre, et qui se croisent au milieu. Pour une rangée, brodez d'abord de gauche à droite, puis revenez en croisant de droite à gauche. Pour que ce point soit régulier, croisez toujours le point supérieur dans le même sens.

• Sur la grille, un carré de couleur avec symbole représente un point de croix.

Le demi-point de croix

Brodez de gauche à droite une rangée de points ou, pour un point isolé, faites seulement un point oblique.

• Sur la grille, un demi-carré de couleur avec symbole représente un point de croix.

Le point de nœud

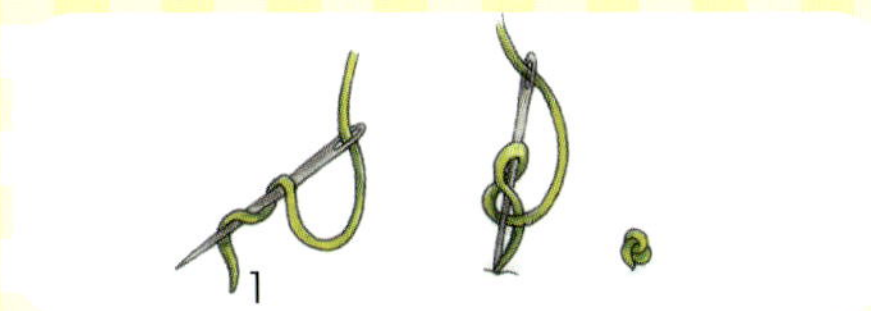

Le fil sort en 1. Enroulez le fil 2 ou 3 fois autour de l'aiguille en maintenant avec le pouce gauche. Tirez doucement l'aiguille puis repiquez-la à côté du point 1.

• Sur la grille, un petit rond de couleur représente un point de nœud

Le point de piqûre

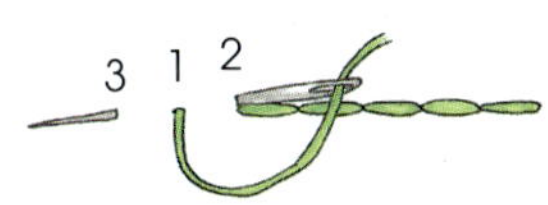

Le fil sort en 1. Piquez en arrière en 2 et ressortez en 3. La distance 1-2 doit être égale à la distance 1-3.

• Sur la grille, un trait continu de couleur représente une ligne au point de piqûre.

Qui ne connaît pas Gédéon ? Mais si…! Gédéon…

« *Effrayés […], Gédéon, Virginie et Résidu s'enfuirent…* »
(Gédéon Grand manitou)

« Bonjour ! C'est Gédéon ! Je suis plutôt malin, je combats les vilains. Les bons sont mes copains et on s'amuse bien ! Oui Gédéon ! J'ai le cou assez long, le pas vif et l'œil rond. Je suis un caneton appelé Gédéon, oui Gédéon ! »

Gédéon est la vedette de l'univers du célèbre illustrateur Benjamin Rabier, auteur reconnu du début du XXᵉ siècle. On connaît tous ce gentil canard, son désir de se rendre utile, et sa grande habileté à régler les conflits entre les animaux. Aimé, admiré et respecté de tous, c'est un peu grâce à lui que le pays où il habite est un véritable petit paradis.

Retrouvons-le en grande discussion avec Tigrette la poulette distinguée, en train de jouer avec Candide le lapin, ou de taquiner Enzo l'escargot. Laissons-le nous présenter tour à tour les habitants très touchants d'un petit monde, où très vite chacun peut se retrouver en miroir...

« *Soigné à son foyer […] par de bons voisins, Gédéon fut bientôt rétabli…* »
(Gédéon Grand manitou)

« *Tigrette se trouvait distinguée, élégante et supérieure ; aussi méprisait-elle les habitants de la basse-cour…* »
(Les Contes du lapin vert)

« *Les parents canards embrassèrent leur progéniture…* »
(Gédéon Grand manitou)

« *Aujourd'hui, Tigrette est heureuse de se trouver avec ses amis sur le même pied d'égalité…* »
(Les Contes du lapin vert)

Gédéon, le canard

Avec son regard en coin, c'est le héros des siestes de nos tout-petits.

FOURNITURES

- *De la toile de lin 11 fils, blanc : 5 carrés de 15 cm de côté*
- *Des fils moulinés DMC : 1 échevette de chaque coloris (voir tableau des couleurs)*
- *Du tissu imprimé jaune pâle : 30 cm*
- *Du molleton rigide Jeffytex : 12 x 60 cm*
- *Du papier bristol*
- *1 compas*

LA BRODERIE

Brodez en 2 fils sur 2 fils, et en centrant chaque carré de lin.

LA COUTURE

1. Tracez 5 ronds de 10 cm de diamètre sur le molleton rigide. Découpez sur le trait. Placez un carré de lin brodé sur un rond de molleton en centrant (aidez-vous de la légère transparence du lin pour placer le motif), et épinglez pour maintenir. Retournez et découpez le lin à 1,5 cm du molleton. Avec une aiguillée de fil solide doublé, faites un point de devant autour du cercle de lin, tirez pour froncer. Rabattez ainsi le surplus de lin sur l'envers du molleton. Fixez à grands points en piquant à la surface du molleton, sans traverser.

2. Tracez 1 rond de 10 cm de diamètre sur le bristol, et découpez sur le trait. Epinglez le rond de papier sur le tissu imprimé et découpez à 1,5 cm. Avec une aiguillée de fil solide doublé, faites un point de devant tout autour du cercle de lin, tirez pour froncer (laissez le papier, mais ôtez l'épingle). Marquez les plis au fer. Ôtez le papier. Appliquez le rond de tissu imprimé sur le rond de lin brodé rigidifié, envers contre envers, à points glissés. Répétez pour chaque broderie.

3. Fixez les ronds brodés sur un mobile, disposez-les en guirlande, ou accrochez-les comme porte-bonheur.

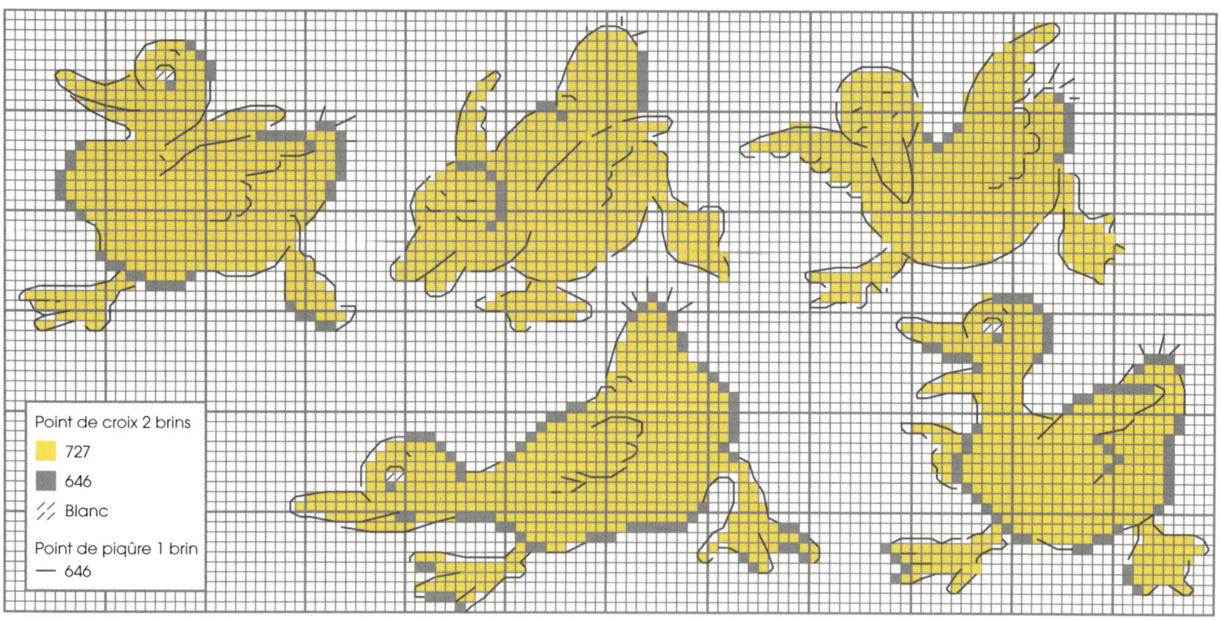

Sa Majesté Gédéon

LA BRODERIE

Brodez, en 2 fils sur 2 fils, et en centrant le motif dans le carré de lin.

FOURNITURES

- *De la toile de lin 11 fils, blanc : 50 x 50 cm*
- *Des fils moulinés DMC : 1 échevette de chaque coloris (voir tableau des couleurs)*

Dimensions de la broderie : 17 x 23 cm.

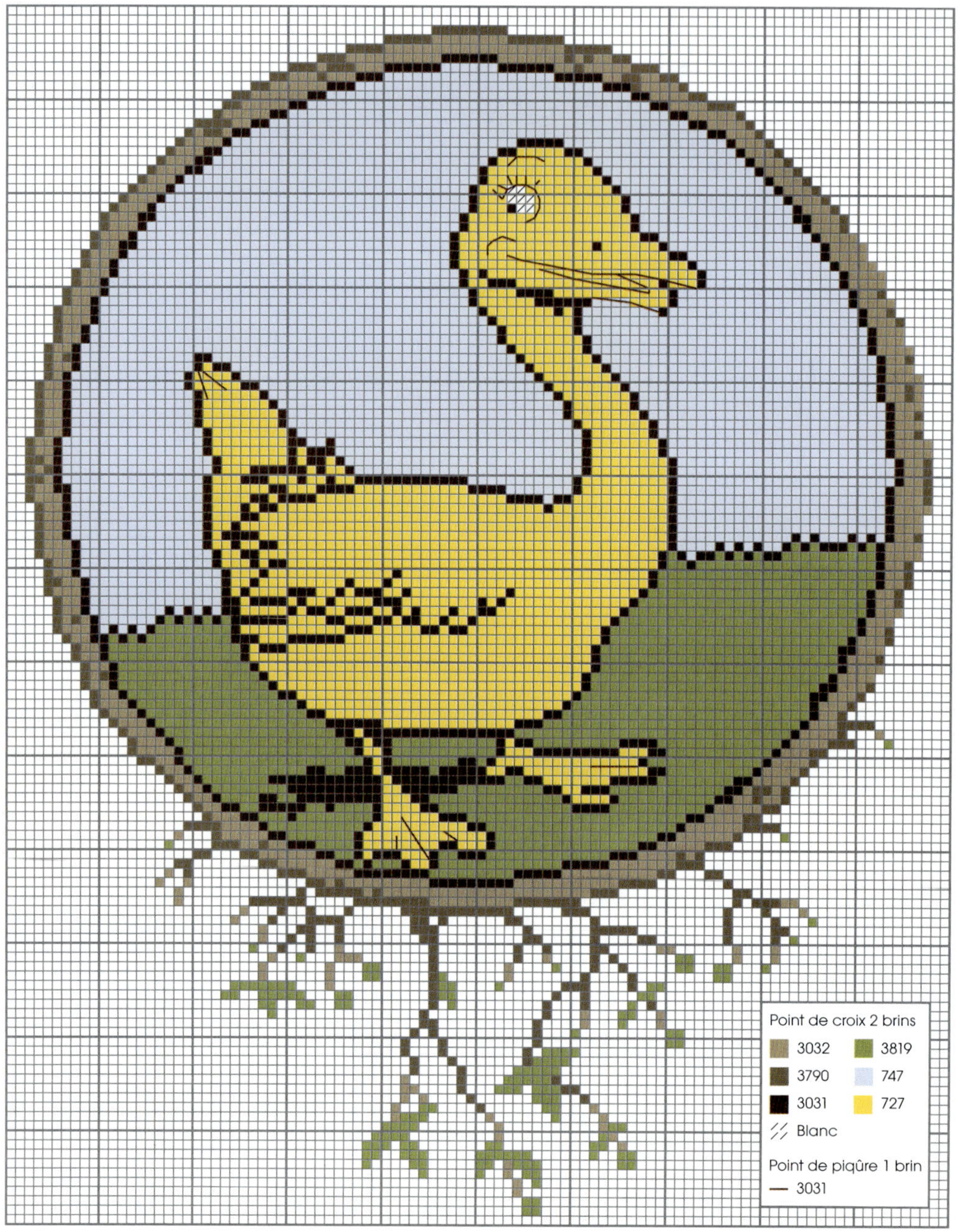

Point de croix 2 brins
726
950
524
3340
Blanc
Point de piqûre 1 brin
— 3021
Point de nœud 2 brins
• 3021
Point de croix 2 brins
727
Blanc
726
3340
524
3021
928
3790
Point de piqûre 1 brin
— 3021
Point de nœud 2 brins
• 3021

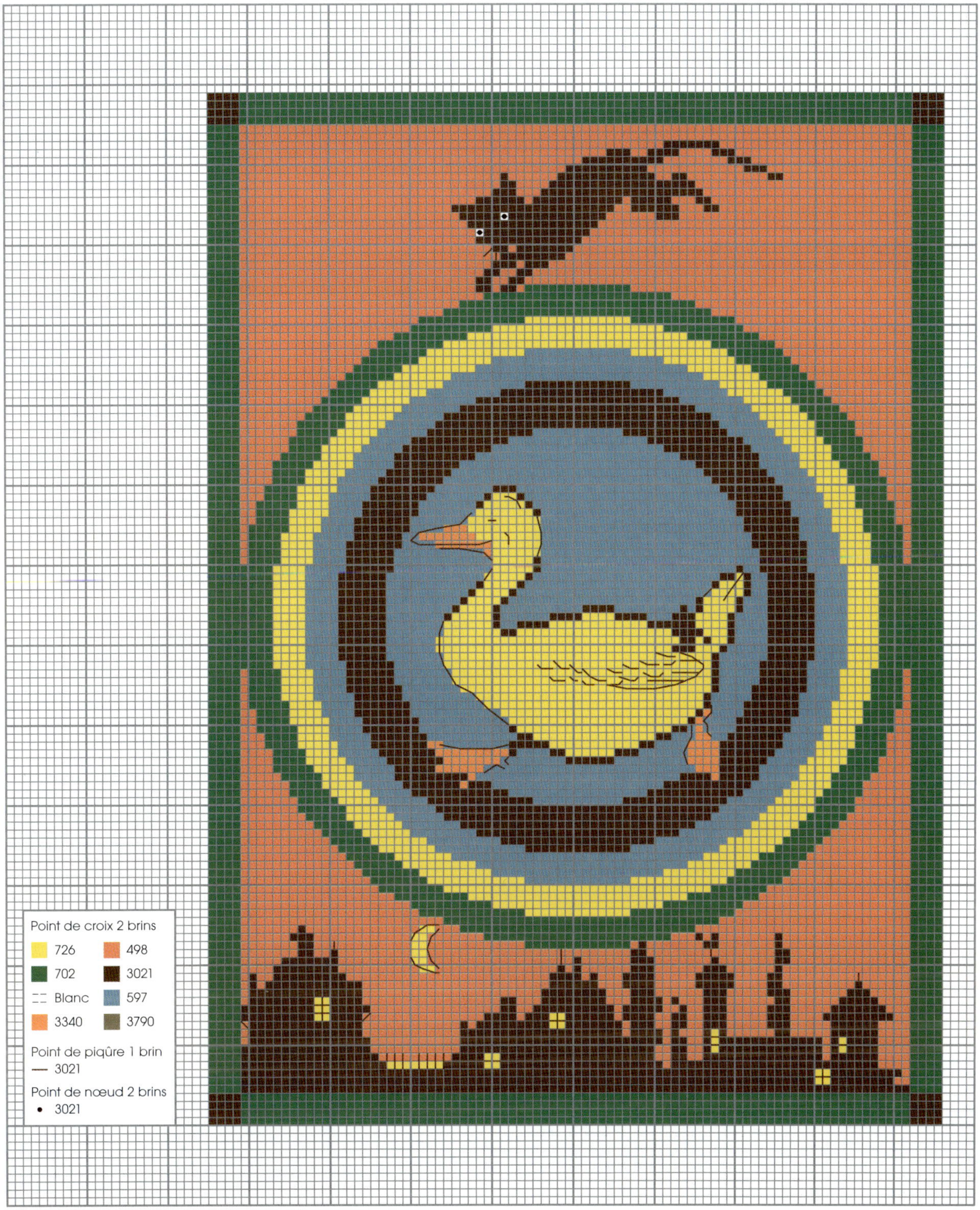
Point de croix 2 brins
726
498
702
3021
Blanc
597
3340
3790
Point de piqûre 1 brin
3021
Point de nœud 2 brins
3021

Point de croix 2 brins
727
3782
3021
3022
471
3811
Blanc
Point de piqûre 1 brin
3021
Point de nœud 2 brins
3021
Point de croix 2 brins
727
471
3021
3022
3340
Point de piqûre 1 brin
3021
Point de nœud 2 brins
3021

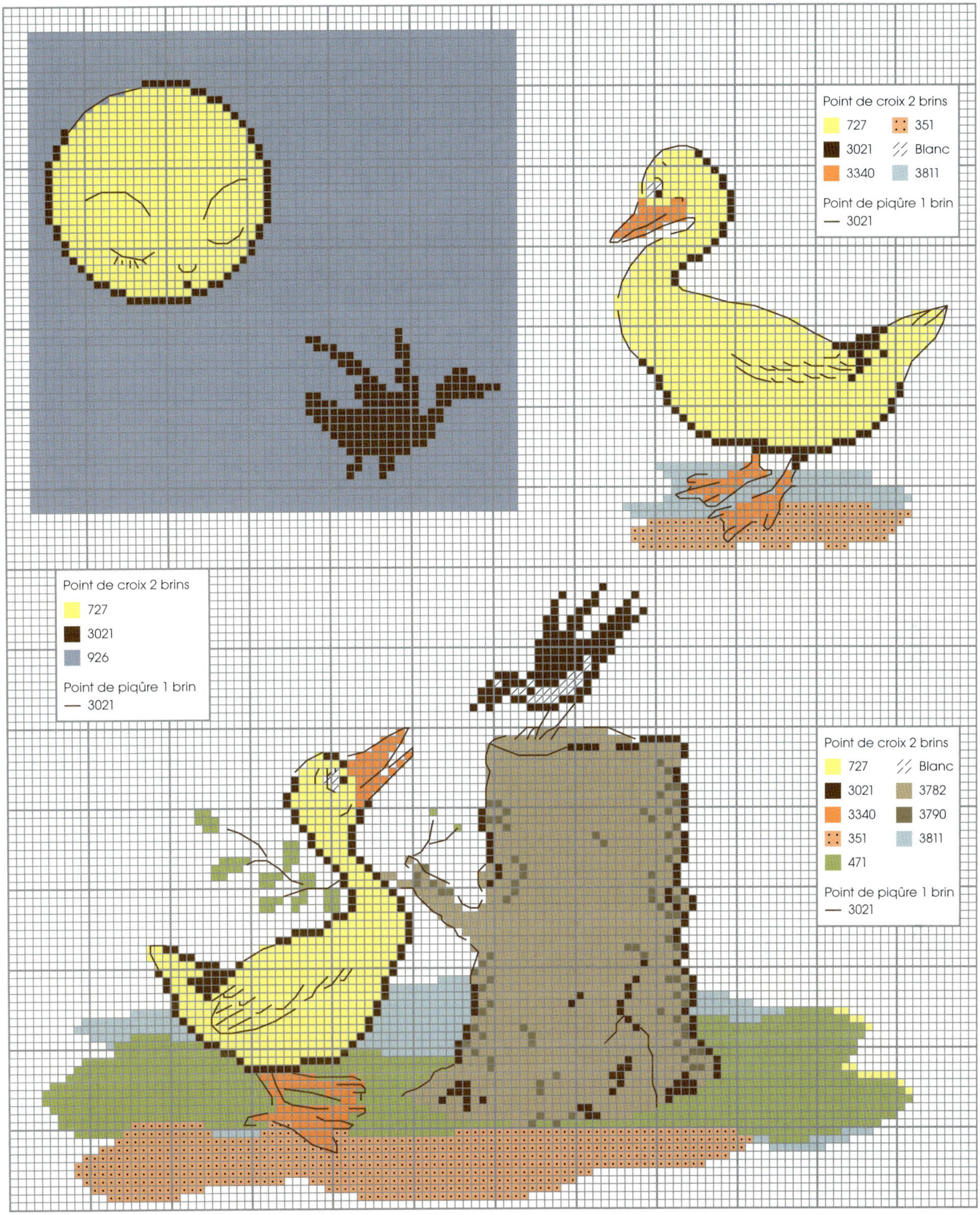
Point de croix 2 brins
727
351
3021
Blanc
3340
3811
Point de piqûre 1 brin
— 3021
Point de croix 2 brins
727
3021
926
Point de piqûre 1 brin
— 3021
Point de croix 2 brins
727
Blanc
3021
3782
3340
3790
351
3811
471
Point de piqûre 1 brin
— 3021

Tigrette, la poulette

Voici Maman poule et ses petits et aussitôt la robe se met à tourner !

FOURNITURES

- *1 robe en lin (ici, 12 mois)*
- *De la toile de lin 11 fils, beige foncé : 15 x 100 cm*
- *Des fils moulinés DMC : 1 échevette de chaque coloris (voir tableau des couleurs)*
- *Du tissu à pois : 30 cm*
- *1 feutre textile*

LA BRODERIE

1. Mesurez le bas de la robe choisie. Un motif poussins-poule mesurant 39 cm, à répéter suivant la longueur désirée (ici presque 3 fois). Pour que la poule se situe comme sur la photo. Ne brodez que 6 poussins à sa gauche.

2. Brodez sur 2 fils, en centrant le motif (avec ou sans le vert de l'herbe).

LA COUTURE

1. Repliez le lin sur l'envers pour centrer la broderie dans une hauteur de 7 cm. Découpez le surplus de lin à 1 cm des plis.

2. Épinglez le bas du lin au bas de la robe. En suivant la forme évasée de celle-ci, ajustez au niveau des coutures des côtés : repliez et juxtaposez les extrémités d'un côté, et faites une pince de l'autre côté. Recoupez le surplus de lin, à 1 cm des rentrés.

3. Découpez dans le tissu à pois des bandes de 7 cm de large. Repliez les côtés sur l'envers sur 0,5 cm. Épinglez-les sous le haut de la broderie, tout autour, en les fronçant joliment.

4. Fixez la bande de lin à points glissés, sur 4 côtés.

ASTUCE : Vous pouvez aussi changer les boutons de la robe et les remplacer par de plus colorés. Et habiller les bretelles par de petits plissés de tissu à pois, de la même façon que pour la broderie.

Dimensions de la broderie : 39 x 9 cm

Point de croix 2 brins
727
3778
725
Blanc
831
351
3771
3790
Point de piqûre 1 brin
— 3787
Point de nœud 2 brins
• 3031
Point de croix 2 brins
727
3771
725
Blanc
3790
Noir
Point de piqûre 1 brin
— 3787
Point de croix 2 brins
725
351
831
350
3778
3787
Blanc
3790
775
Point de piqûre 1 brin
— 3787
Point de nœud 2 brins
• 3031

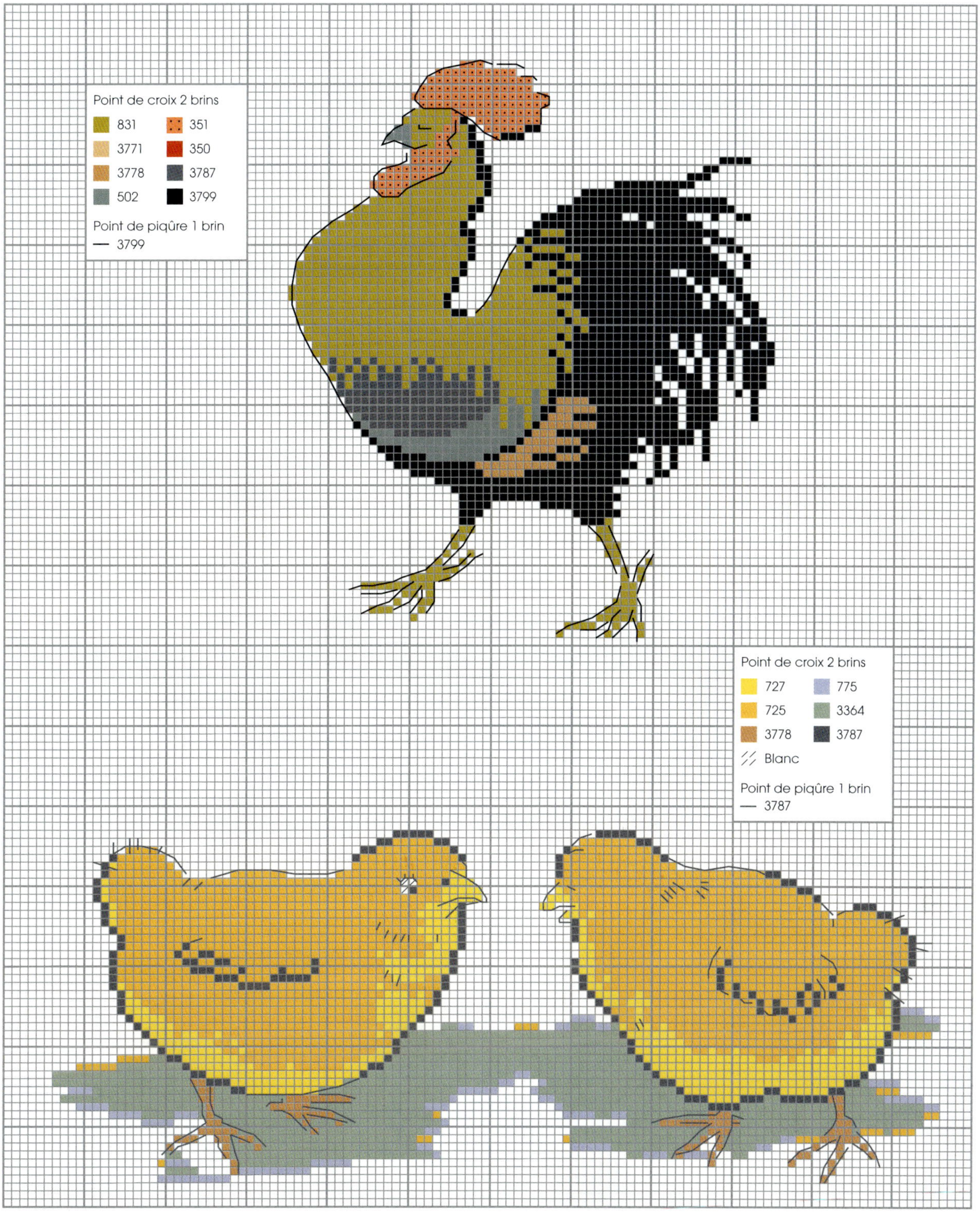
Point de croix 2 brins
831
351
3771
350
3778
3787
502
3799
Point de piqûre 1 brin
— 3799
Point de croix 2 brins
727
775
725
3364
3778
3787
Blanc
Point de piqûre 1 brin
— 3787

Les animaux de la ferme

La nuit, tous les animaux sont gris…

FOURNITURES

- *De la toile de lin 11 fils, naturel : 45 x 60 cm*
- *Des fils moulinés DMC : 1 échevette de chaque coloris (voir tableau des couleurs)*

LA BRODERIE

Brodez, en 2 fils sur 2 fils, et en centrant le motif dans le rectangle de lin.

LE MONTAGE

Il vous suffit ensuite, par exemple, de monter le rectangle brodé sur un morceau de carton plume.

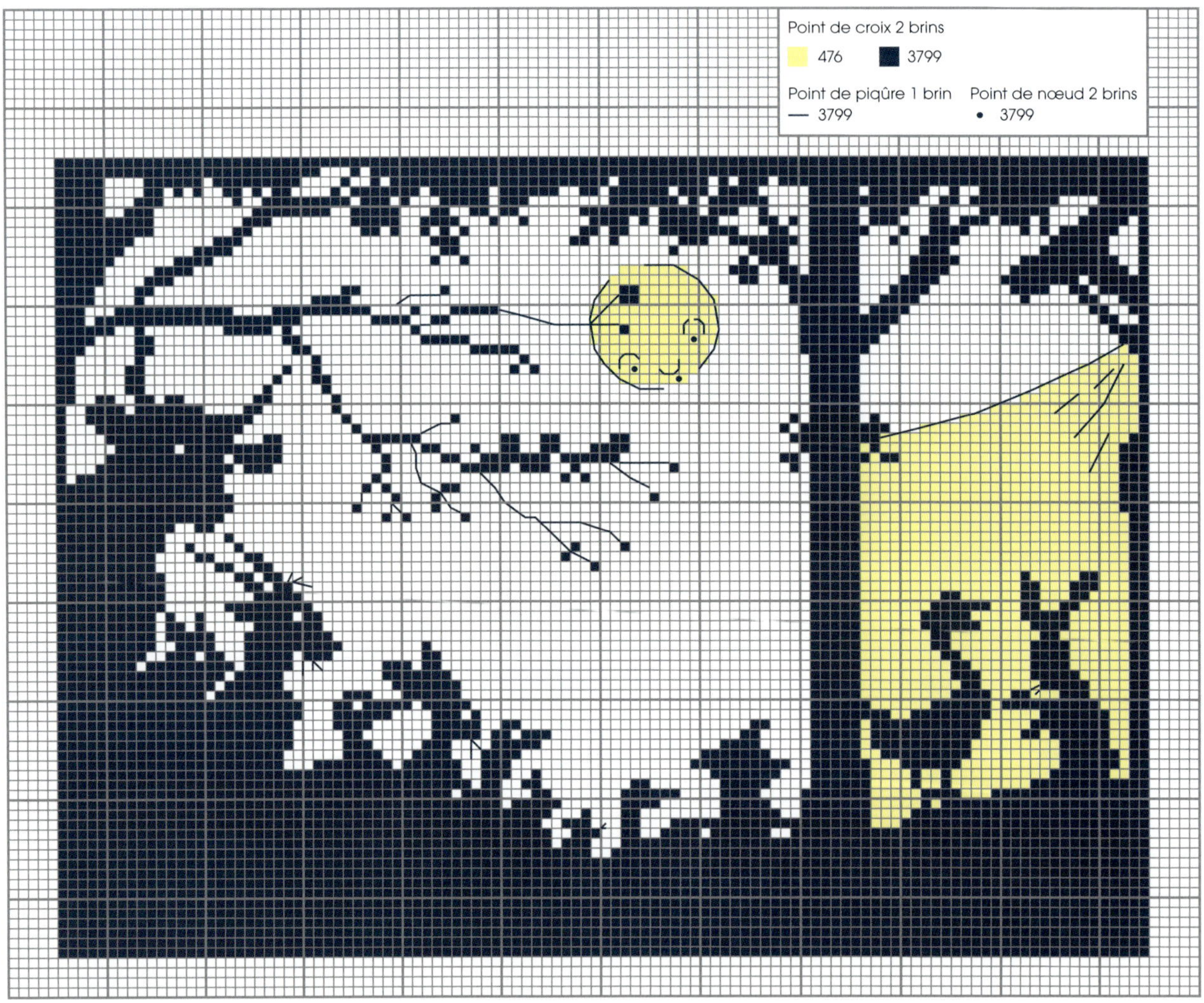

Dimensions de la broderie : 14,5 x 20 cm

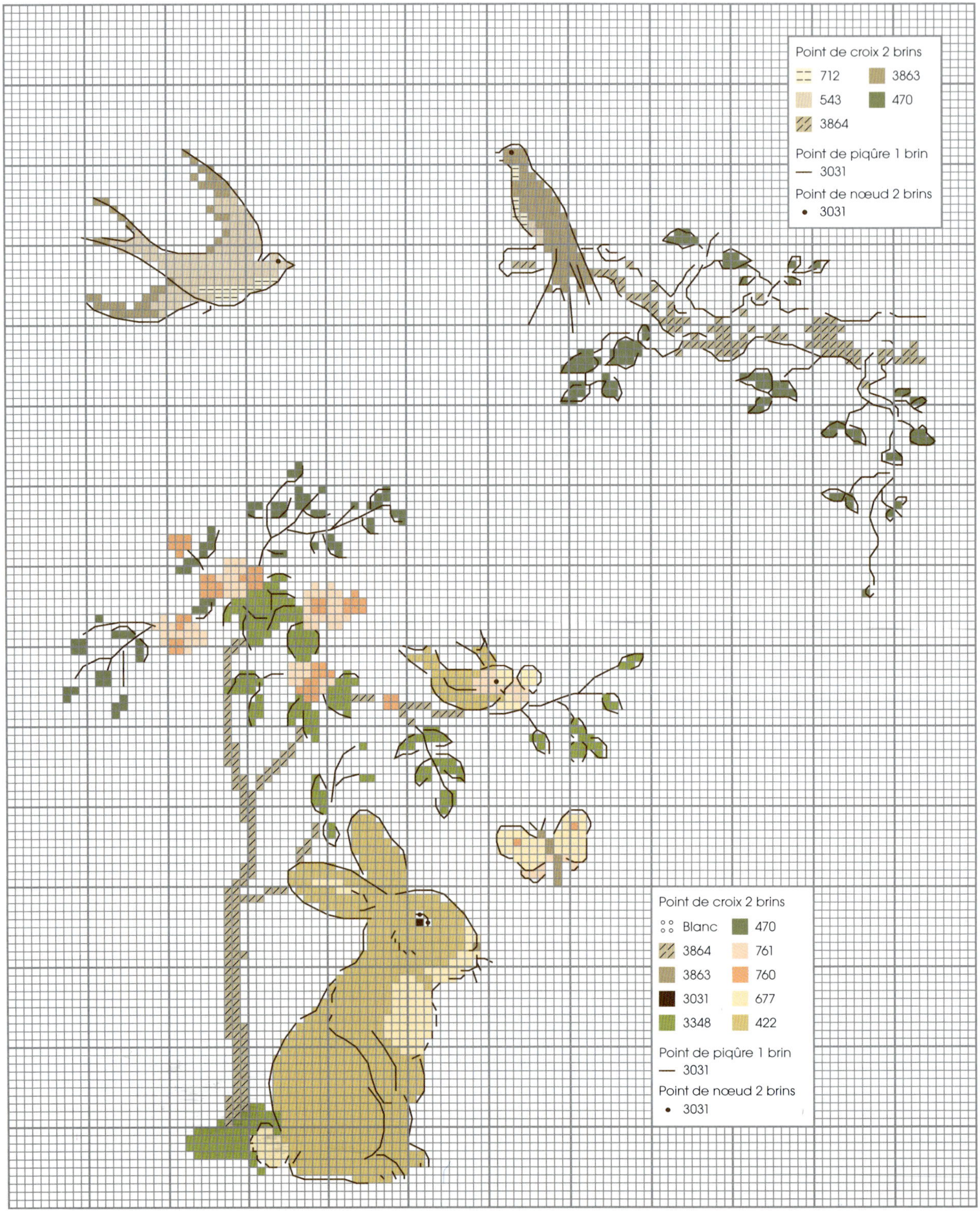
Point de croix 2 brins
712
3863
543
470
3864
Point de piqûre 1 brin
— 3031
Point de nœud 2 brins
• 3031
Point de croix 2 brins
Blanc
470
3864
761
3863
760
3031
677
3348
422
Point de piqûre 1 brin
— 3031
Point de nœud 2 brins
• 3031

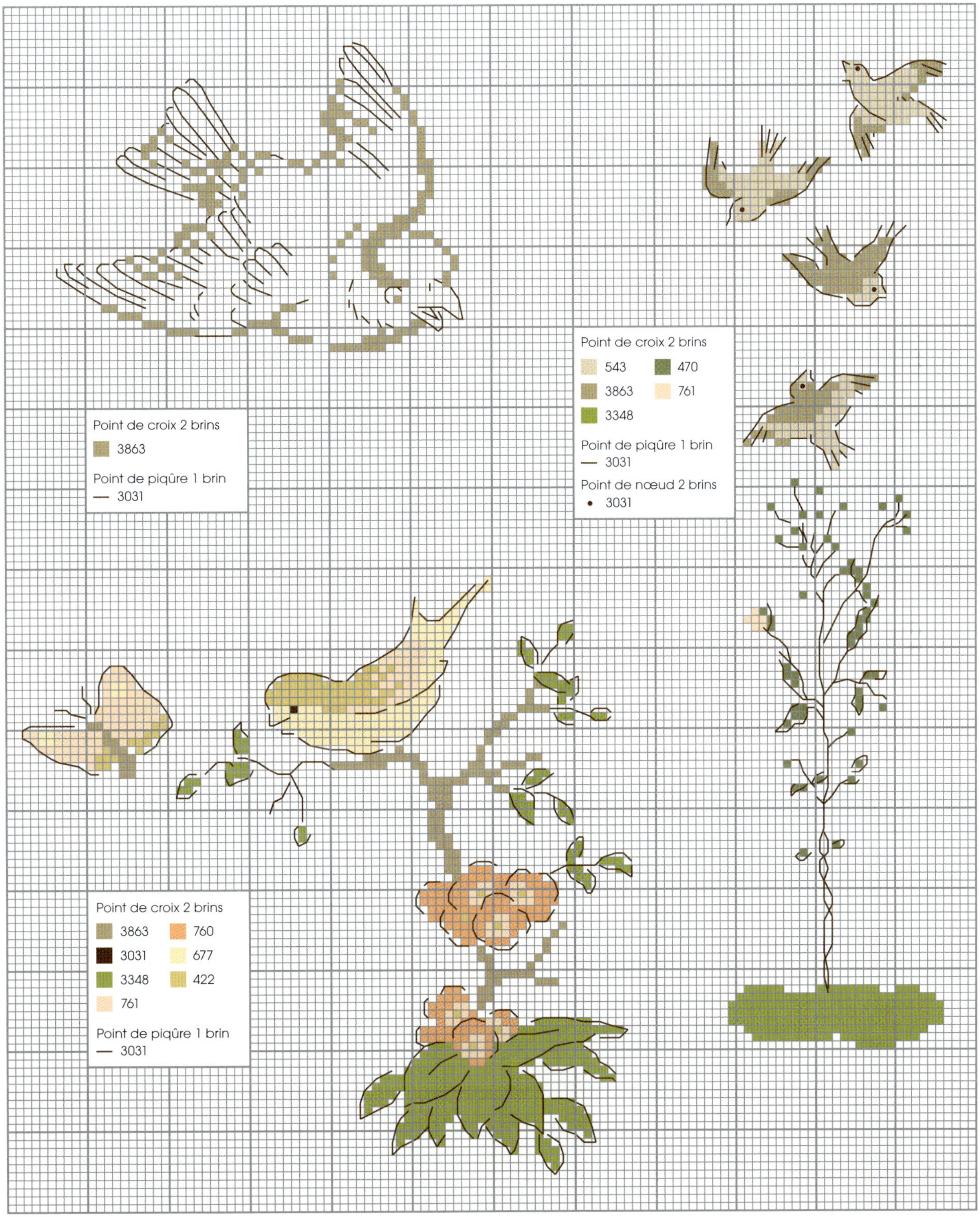
Point de croix 2 brins
3863
Point de piqûre 1 brin
— 3031
Point de croix 2 brins
543
470
3863
761
3348
Point de piqûre 1 brin
— 3031
Point de nœud 2 brins
• 3031
Point de croix 2 brins
3863
760
3031
677
3348
422
761
Point de piqûre 1 brin
— 3031

Enzo, l'escargot

Mon ami l'escargot, garde bien tes deux yeux grands ouverts et veille sur mes petits habits préférés !

FOURNITURES

- *1 cintre enfant : 32 cm*
- *De la toile de lin 11 fils, ivoire : 2 fois 40 x 20 cm*
- *Des fils moulinés DMC : 1 échevette de chaque coloris (voir tableau des couleurs)*
- *Du tissu écru « étoiles » : 2 fois 15 x 15 cm*
- *Du molleton rigide « Jeffytex » : 35 x 30 cm*
- *1 feutre textile*
- *Du papier*

Dimensions de l'ouvrage terminé : 34 x 11 cm

LA BRODERIE

Sur le lin, brodez, en 2 fils sur 2 fils, et en centrant le motif.

LA COUTURE

1. Reportez le contour du cintre sur le papier (tracez une droite en bas du cintre, et une de 10,5 cm au-dessus). Découpez sur le trait. Reportez 2 fois ce patron au feutre textile sur le Jeffytex. Découpez sur le trait.

2. En ajoutant 1 cm sur les côtés droit et gauche, reportez toujours le même patron sur chaque morceau de lin (aidez-vous de la légère transparence du lin pour placer le motif au milieu). Découpez à 1 cm des tracés pour les côtés droit et gauche, et à 3 cm en haut et en bas.

3. Rentrez 1 côté, sur chaque carré de tissu étoilé. Cousez, à points glissés, de part et d'autre de la broderie pour la réduire à 15 cm de large. Recoupez le surplus de tissu au ras du lin.

4. Placez les 2 rectangles de lin, endroit contre endroit, et piquez les côtés droit et gauche. Retournez sur l'endroit.

5. Repliez le lin en haut et en bas, sur l'envers, suivant les tracés.

6. Enfilez un morceau de molleton à l'intérieur des plis pour rigidifier le dos et le devant de la housse. Coupez les surplus de tissu et fixez à points glissés au niveau des pointes.

7. Enfilez sur le cintre.

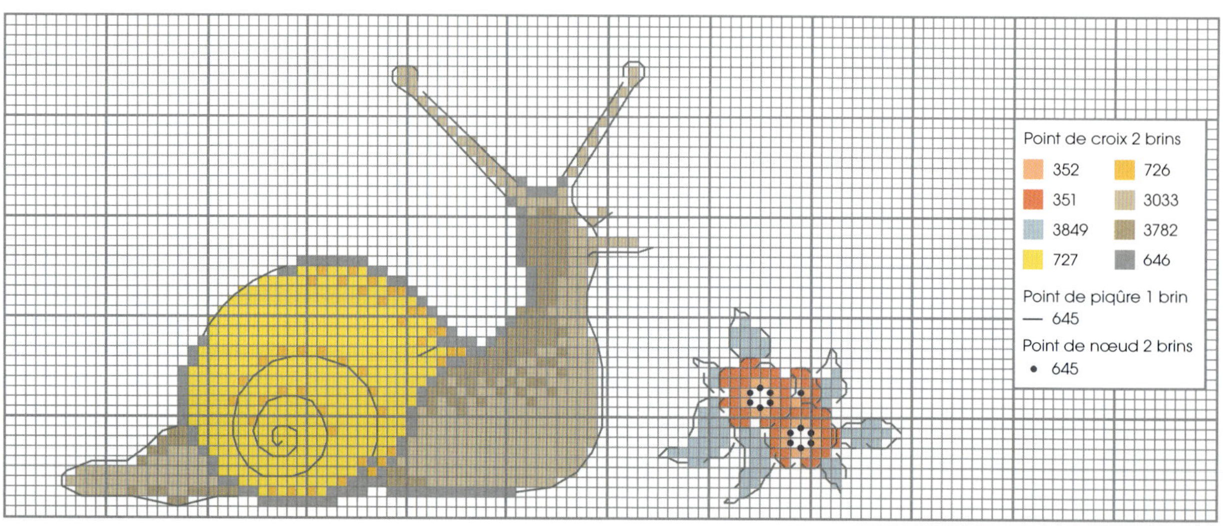

Point de croix 2 brins
Blanc
522
726
3853
3033
350
3782
372
3790
371
524
Point de piqûre 1 brin
— 3031
Point de nœud 2 brins
• 3790
Point de croix 2 brins
Blanc
522
727
350
726
371
3033
3863
3782
3862
3790
Point de piqûre 1 brin
— 3031

Point de croix 2 brins
Blanc
727
726
3033
3782
3790
522
350
372
371
Point de piqûre 1 brin
3031
Point de croix 2 brins
Blanc
726
3033
3782
3790
522
3853
371
Point de piqûre 1 brin
3031

Daisy, la grenouille

Grenouille joyeuse, grenouille amoureuse, grenouille bavarde... C'est la fête à la grenouille !

FOURNITURES

- *De la toile de lin 11 fils, blanc : 45 x 45 cm*
- *Des fils moulinés DMC : 1 échevette de chaque coloris (voir tableau des couleurs)*

LA BRODERIE

Brodez, en 2 fils sur 2 fils, en centrant le motif dans le rectangle de lin.

Dimensions de la broderie : 19,5 x 15 cm

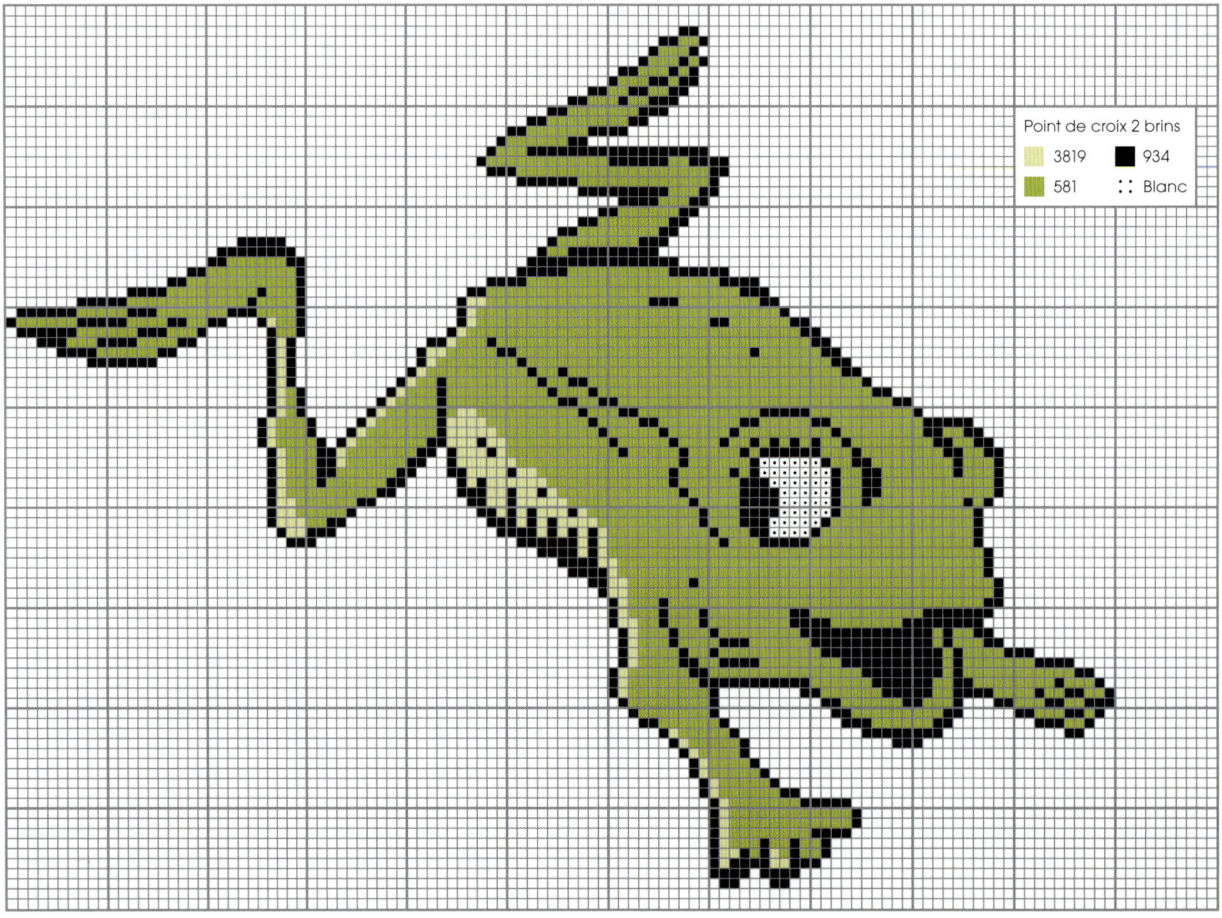

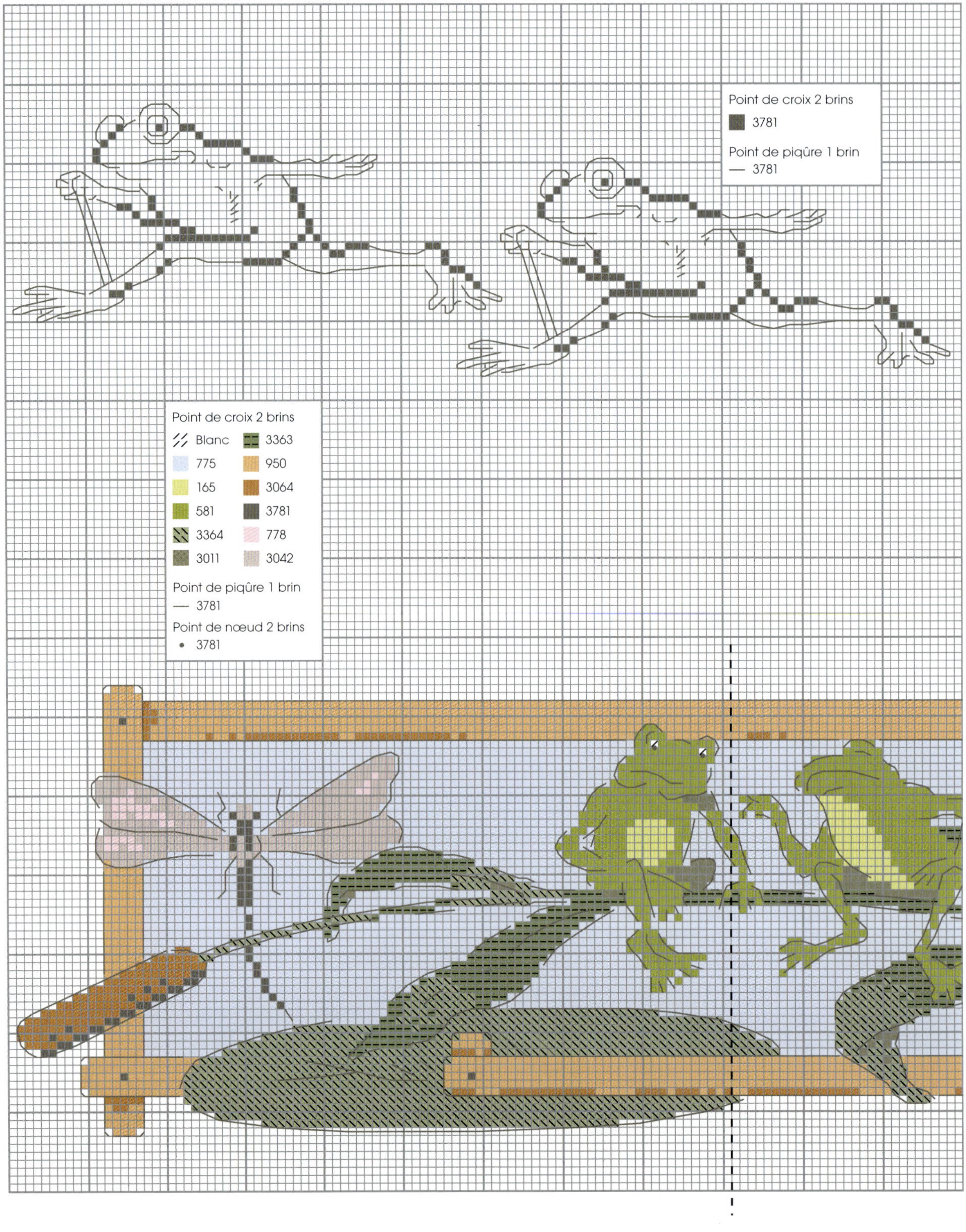

Point de croix 2 brins
3781
Point de piqûre 1 brin
— 3781
Point de croix 2 brins
Blanc
3363
775
950
165
3064
581
3781
3364
778
3011
3042
Point de piqûre 1 brin
— 3781
Point de nœud 2 brins
• 3781

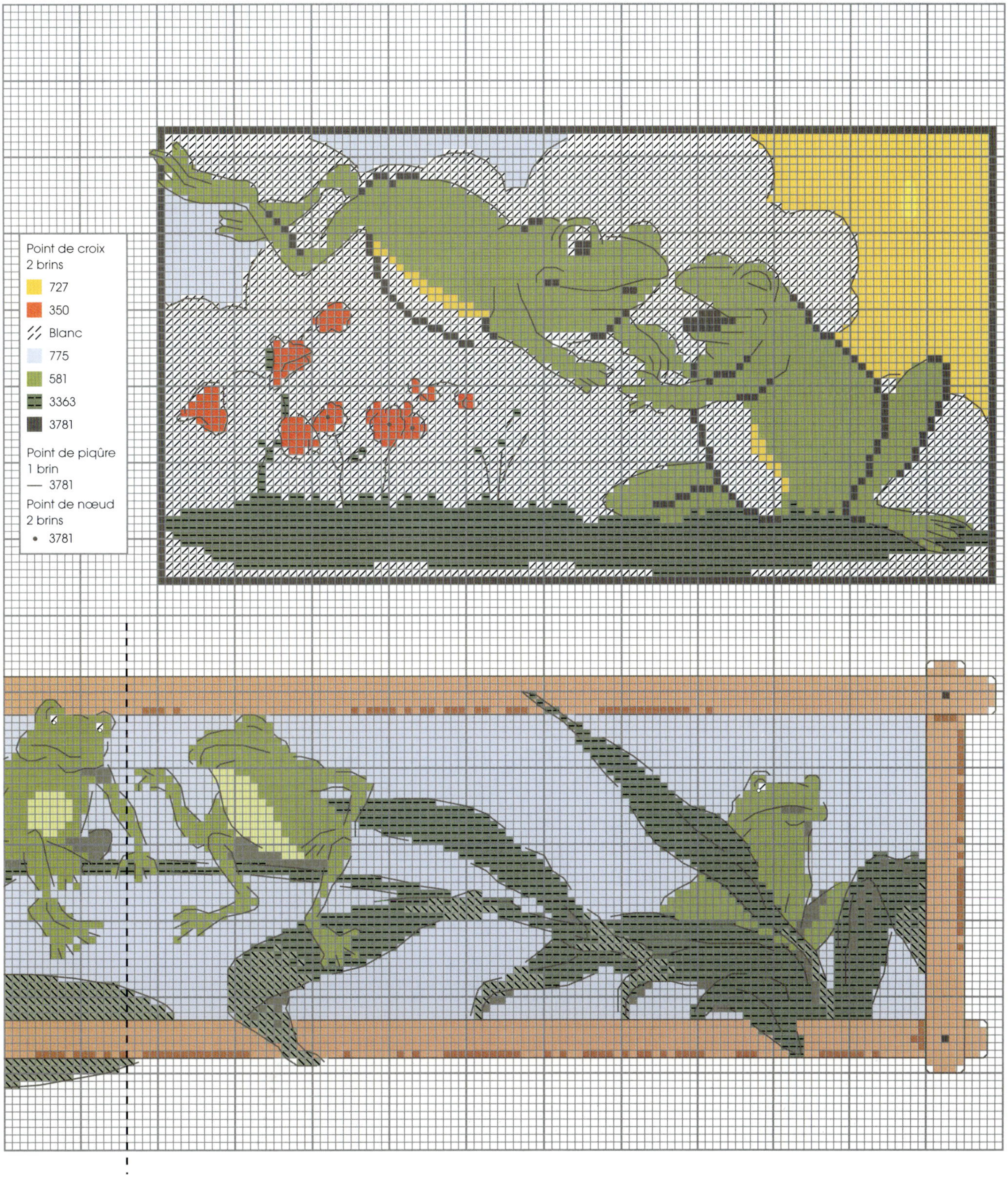

Point de croix
2 brins
- 727
- 350
- Blanc
- 775
- 581
- 3363
- 3781

Point de piqûre
1 brin
— 3781

Point de nœud
2 brins
• 3781

Mistigri, le chat

Coussin câlin pour chat à pattes de velours…

FOURNITURES

- *De la toile de lin 11 fils, ivoire : 25 x 50 cm*
- *Des fils moulinés DMC : 1 échevette de chaque coloris (voir tableau des couleurs)*
- *Du tissu imprimé rétro : 47 x 22 cm et 17 x 22 cm*
- *1 feutre textile*
- *4 boutons dépareillés, amusants*
- *Du molleton à rembourrer*

LA BRODERIE

Brodez, en 2 fils sur 2 fils : le bout de la queue du chat se situe à 5,5 cm du côté droit. et le bas de la broderie à 6 cm du bas du lin.

LA COUTURE

1. Tracez au feutre textile un rectangle de 20 x 45 cm sur le lin brodé, en plaçant la broderie à 3 cm du côté droit et le bas à 3,5 cm. Recoupez le surplus de lin à 1 cm des tracés.

2. Repliez sur l'envers, et sur 1 cm, le grand côté du morceau de tissu imprimé de 17 x 22 cm. Epinglez à gauche de la broderie, en plaçant ces 3 autres côtés bord à bord avec le lin. Fixez à points glissés sur 22 cm.

3. Placez le rectangle brodé et le rectangle de tissu imprimé de 47 x 22, cm endroit contre endroit. Piquez à 1 cm du bord en laissant une ouverture de 7 cm. Retournez et rembourrez. Fermez à points glissés.

4. Faites une croix au feutre pour marquer l'emplacement des boutons : espacez-les de 4 cm, à 1,5 cm du bord du tissu. Cousez les boutons avec un fil assorti au tissu.

Dimensions de la broderie : 23 x 4 cm
Dimensions de l'ouvrage terminé : 28 x 5,5 cm

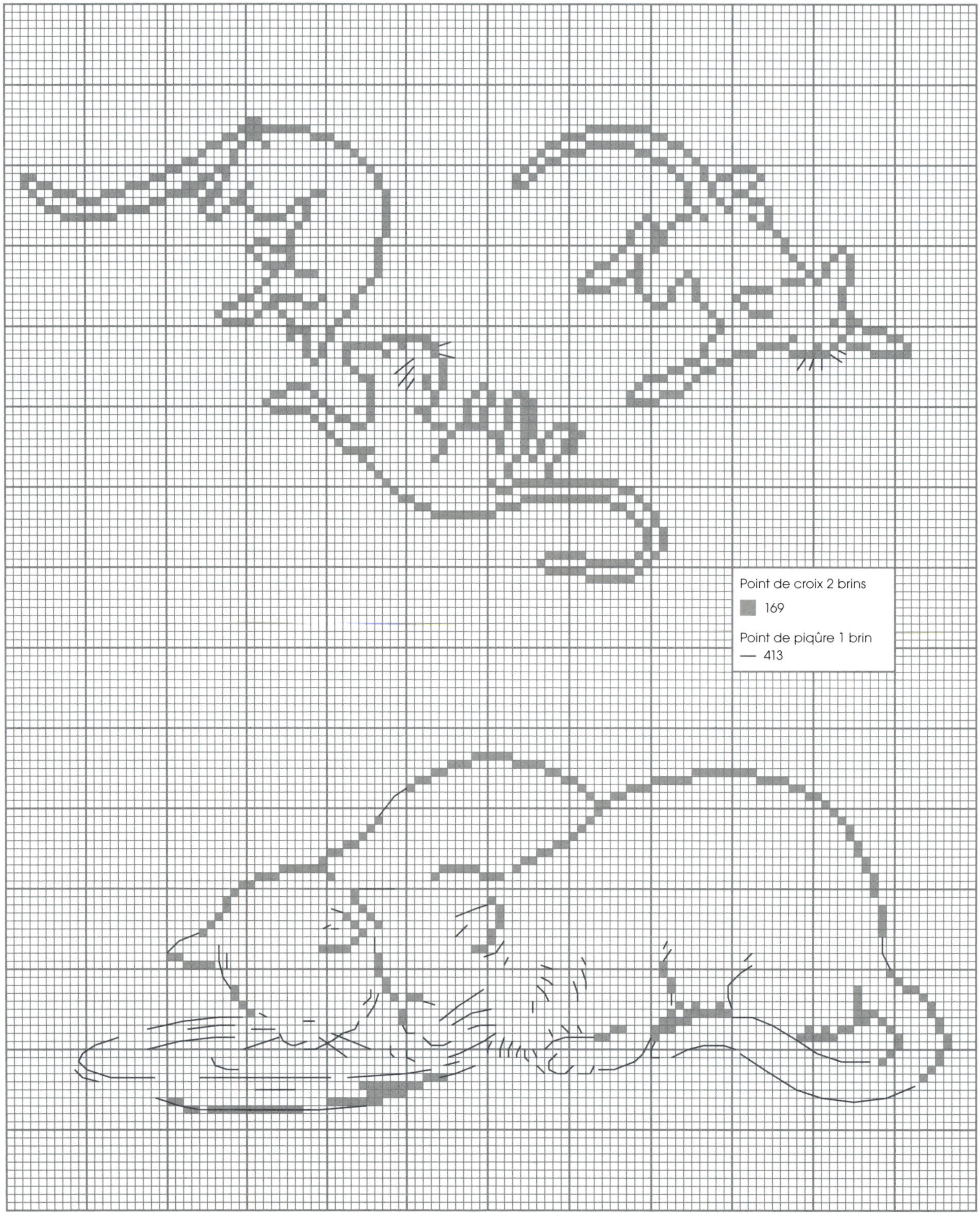

Point de croix 2 brins
169
Point de piqûre 1 brin
— 413

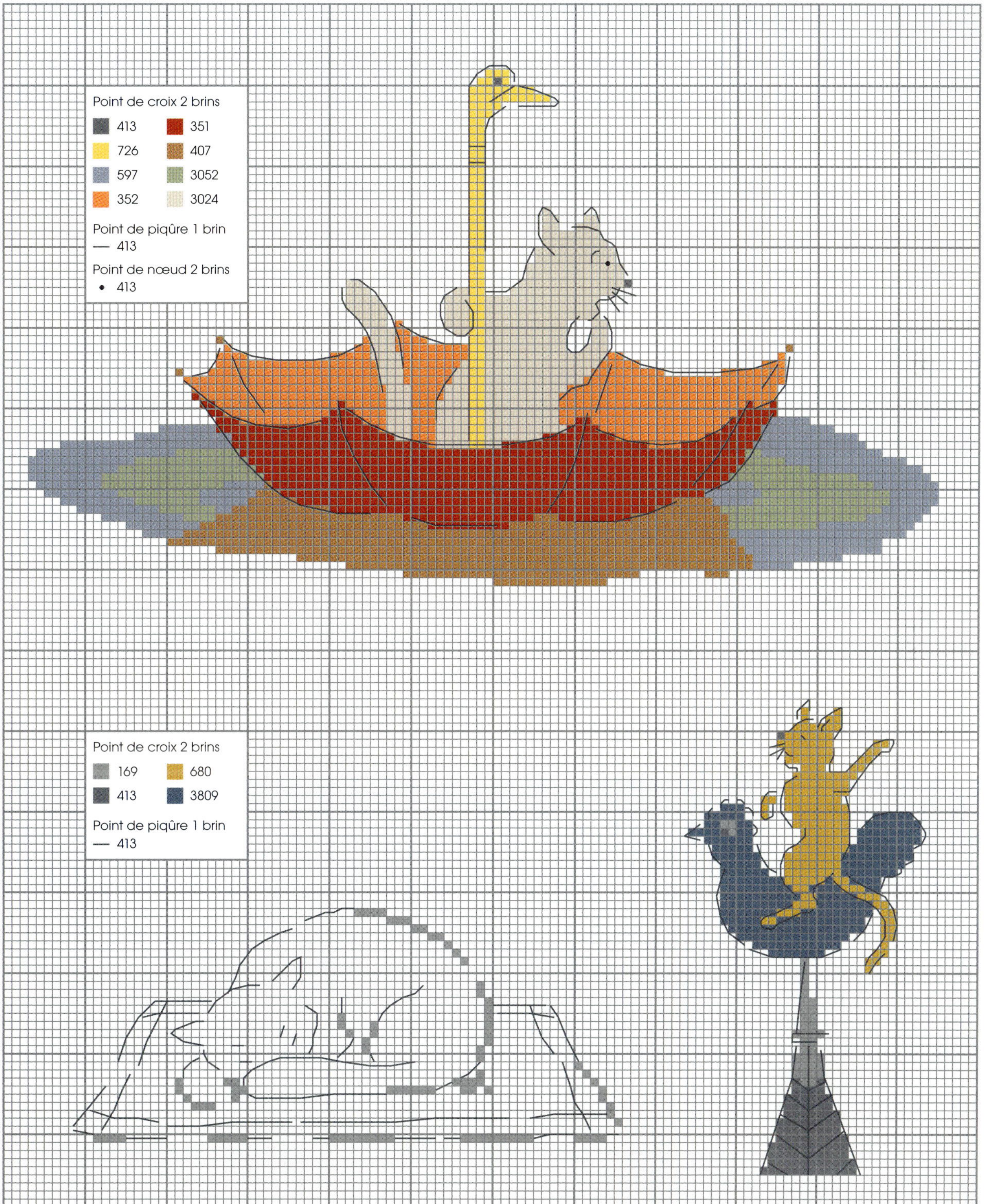
Point de croix 2 brins
413
351
726
407
597
3052
352
3024
Point de piqûre 1 brin
— 413
Point de nœud 2 brins
• 413
Point de croix 2 brins
169
680
413
3809
Point de piqûre 1 brin
— 413

Bobby, le chien

Vive les acrobates ! Les voici en piste pour leur numéro de haute voltige !

FOURNITURES

- *De la toile de lin 11 fils, ivoire : 35 x 10 cm*
- *Des fils moulinés DMC : 1 échevette de chaque coloris (voir tableau des couleurs)*
- *Du tissu à pois : 10 cm*
- *Du molleton rigide Jeffytex : 5,5 x 28,5 cm*

Dimensions de la broderie : 23,5 x 3,5 cm
Dimensions de l'ouvrage terminé : 28 x 5 cm

LA BRODERIE

Brodez, en 2 fils sur 2 fils, en centrant dans le rectangle de lin.

LA COUTURE

1. En vous aidant de la légère transparence du lin, centrez la broderie sur le Jeffytex ; épinglez pour maintenir. Repliez le lin sur l'envers du molleton. Fixez à grands points sans traverser les épaisseurs.

2. Dans le tissu à pois, découpez un rectangle de 7 x 30 cm. Repliez les côtés sur l'envers pour obtenir un rectangle de 5,25 x 28 cm. Épinglez sur l'envers de la broderie. Découpez dans le même tissu un ruban de 40 x 8 cm, qui servira pour l'accroche.

3. Fixez les 4 côtés sur le lin à points glissés : laissez une ouverture de 2 cm en haut des grands côtés pour glisser le ruban. Terminez en refermant le petit côté du haut.

4. Nouez le rectangle de tissu pour former l'accroche du petit panneau, et ajustez les mesures en recoupant le surplus de tissu.

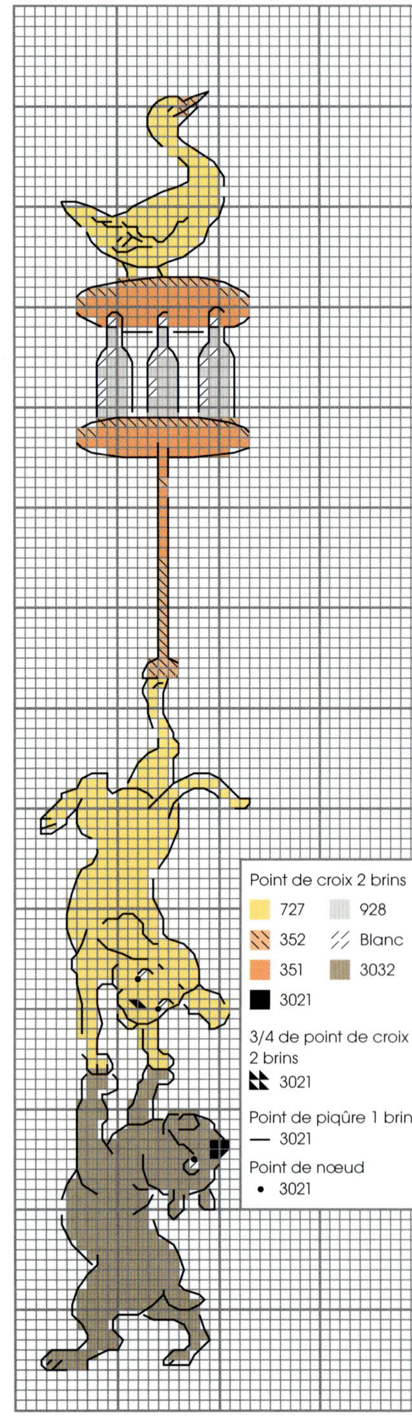

Point de croix 2 brins
434
Blanc
975
646
Point de piqûre 1 brin
— 3371
Point de croix 2 brins
434
646
975
470
352
469
Blanc
Point de piqûre 1 brin
— 3371
Point de nœud
• 3371
Point de croix 2 brins
434
470
Blanc
469
646
Point de piqûre 1 brin
— 3371

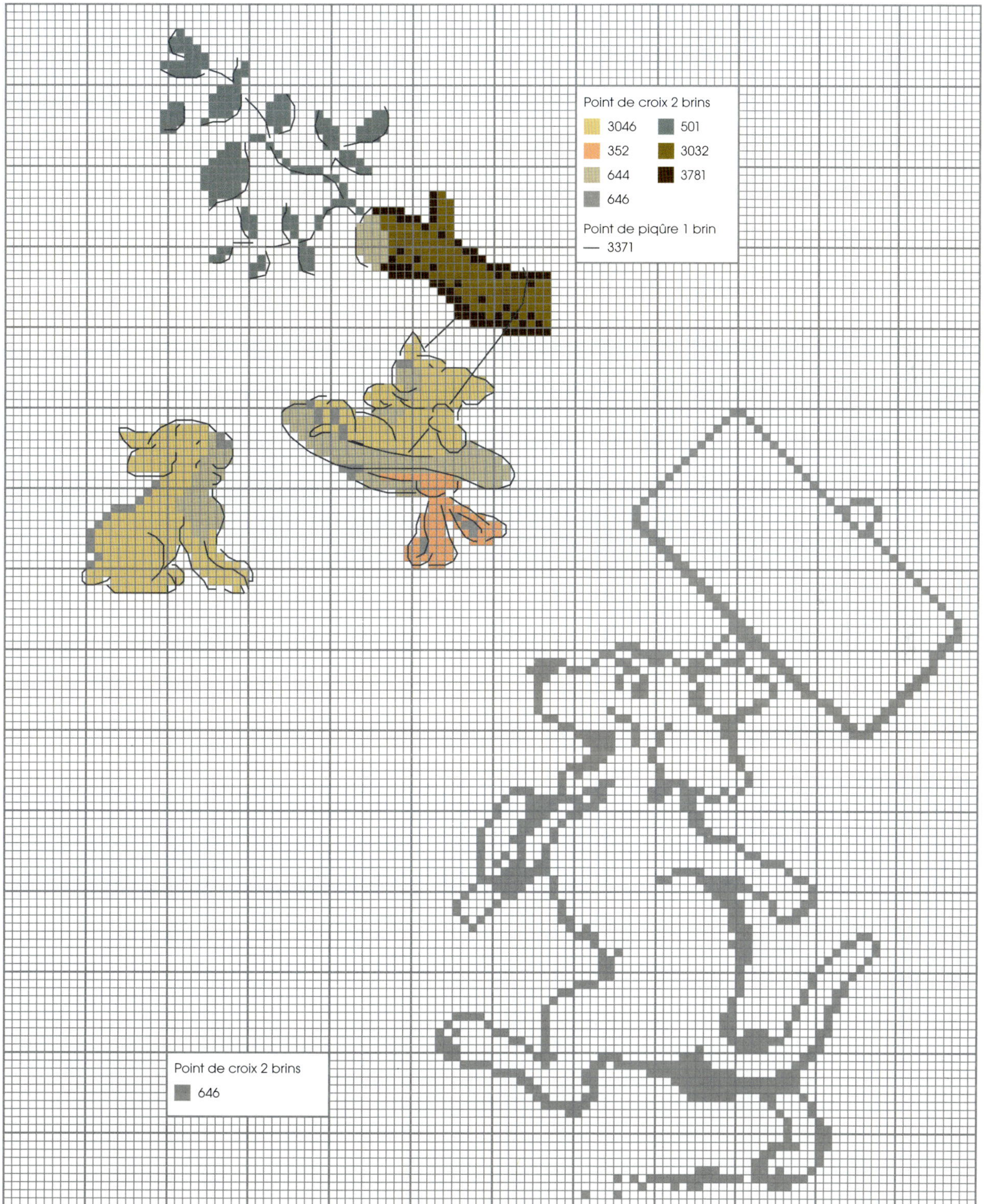
Point de croix 2 brins
3046
501
352
3032
644
3781
646
Point de piqûre 1 brin
— 3371
Point de croix 2 brins
646

Candide, le lapin

Quand la nuit tombe, les lapins se mettent à danser au clair de lune…

FOURNITURES

❊ De la toile de lin 11 fils, naturel : 50 x 50 cm

❊ Des fils moulinés DMC : 1 échevette de chaque coloris (voir tableau des couleurs)

LA BRODERIE

Brodez, en 2 fils sur 2 fils, et en centrant le motif dans le carré de lin.

LE MONTAGE

Il vous suffit ensuite par exemple de monter le rectangle brodé sur un morceau de carton plume.

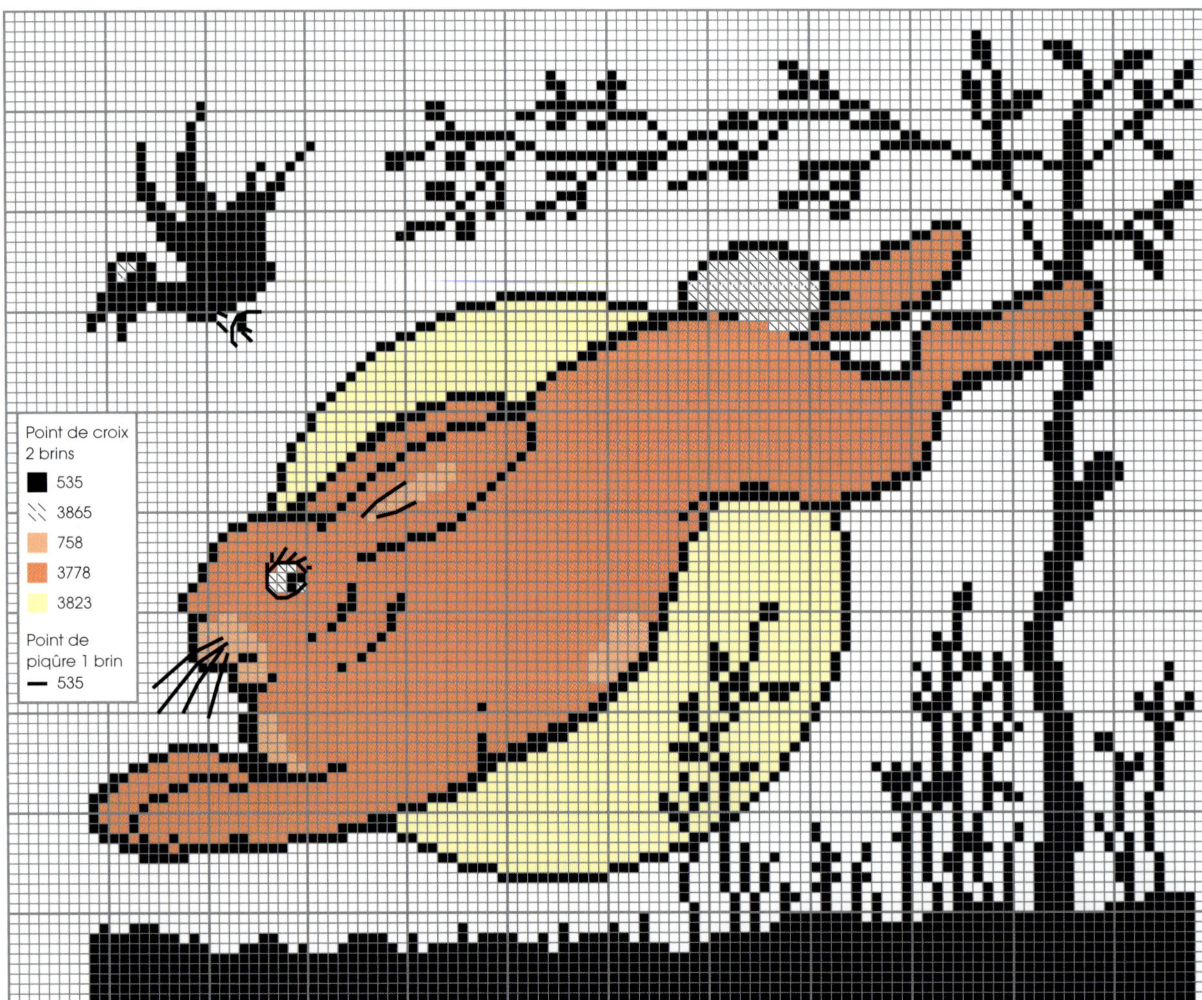

Dimensions de la broderie : 20 x 17 cm

Candide en voyage

Quand un petit lapin joue les grands aventuriers, et part pour un long voyage…

FOURNITURES

- *De la toile de lin 11 fils, ivoire : 40 x 40 cm*
- *Des fils moulinés DMC : 1 échevette de chaque coloris (voir tableau des couleurs)*

LA BRODERIE

Brodez, en 2 fils sur 2 fils, et en centrant le motif dans le carré de lin.

LE MONTAGE

Il vous suffit ensuite, par exemple, de monter le rectangle brodé sur un rond de carton plume de 23 cm de diamètre.

Dimensions de la broderie : 20 x 13 cm

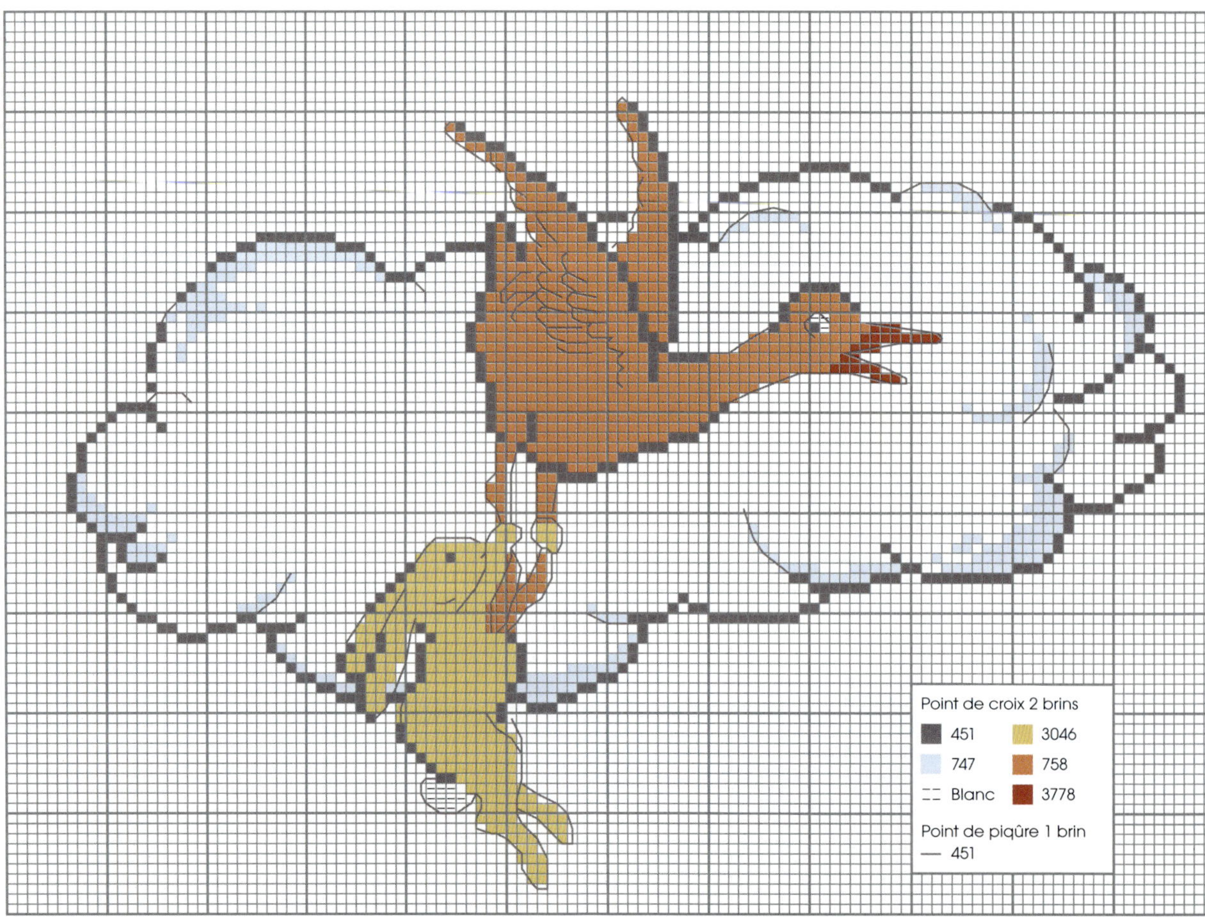

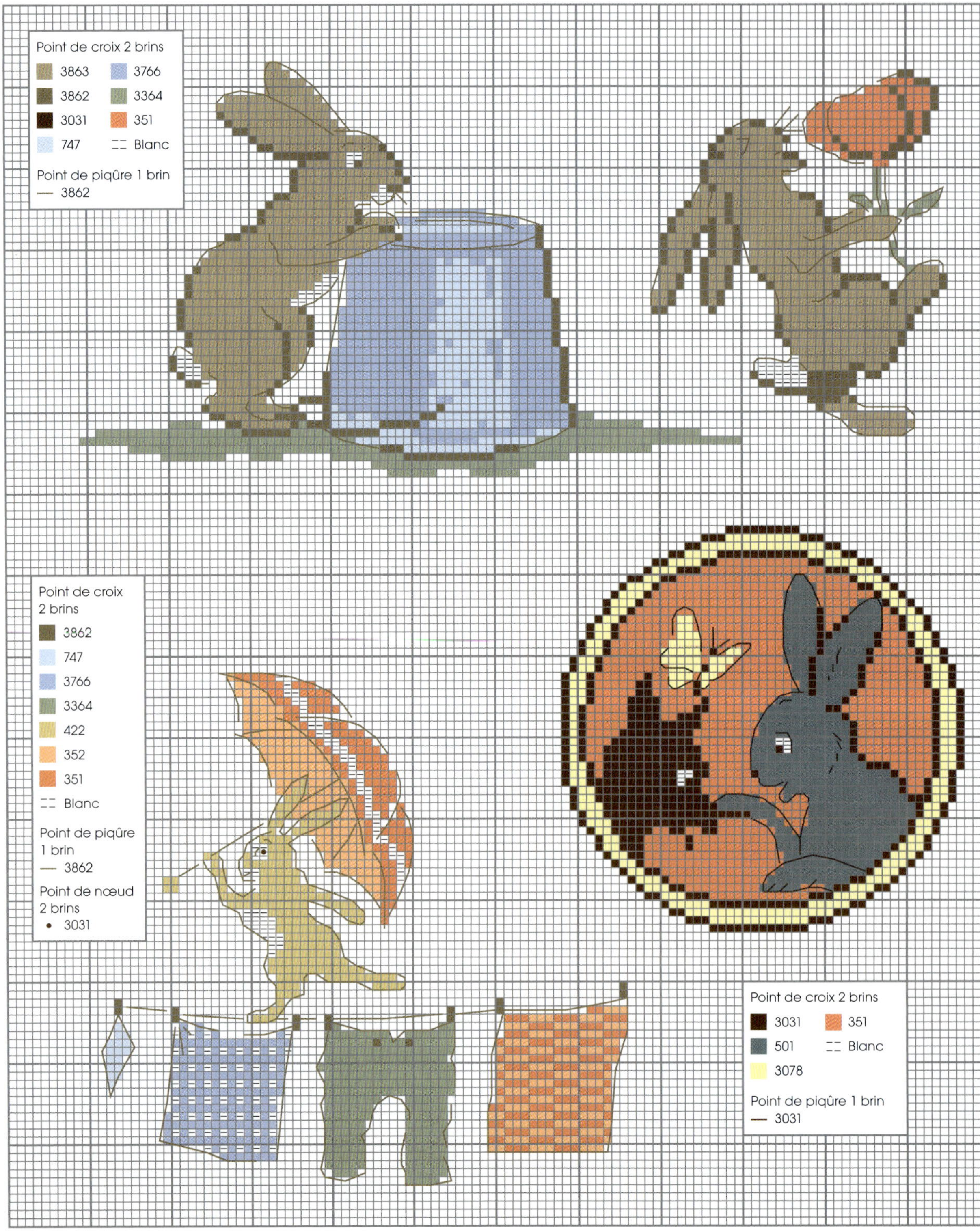

Point de croix 2 brins
3863
3766
3862
3364
3031
351
747
Blanc
Point de piqûre 1 brin
3862
Point de croix 2 brins
3862
747
3766
3364
422
352
351
Blanc
Point de piqûre 1 brin
3862
Point de nœud 2 brins
3031
Point de croix 2 brins
3031
351
501
Blanc
3078
Point de piqûre 1 brin
3031

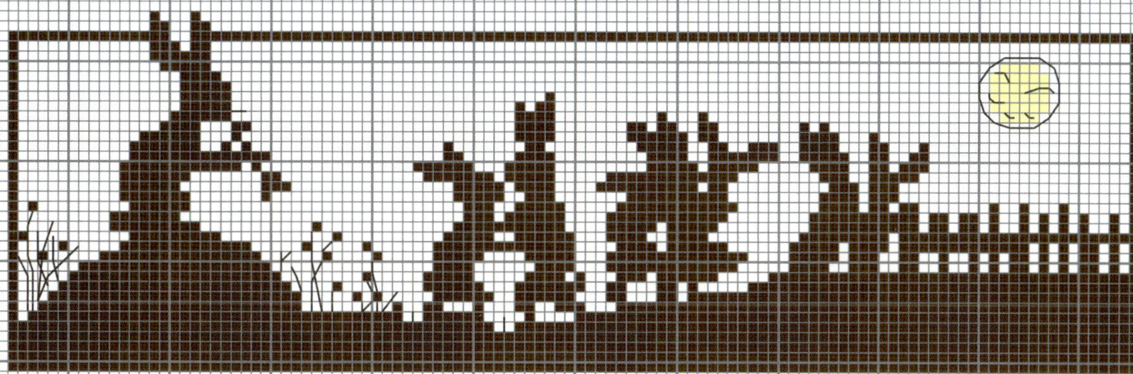

Point de croix 2 brins

3031 3078

Point de piqûre 1 brin

— 3031

Point de croix 2 brins

3031 3042

677 3041

422 Blanc

Point de piqûre 1 brin

— 3031

Point de croix 2 brins

3031

Point de piqûre 1 brin

— 3031

Mes amis les animaux

A comme araignée, B comme baleine,
C comme chien…

FOURNITURES

- *De la toile de lin 11 fils, ivoire : 45 x 30 cm*
- *Des fils moulinés DMC : 1 échevette de chaque coloris (voir tableau des couleurs)*
- *Du tissu à pois beige : 6 x 30 cm*
- *Du tissu organdi bleu pâle : 2 fois 3 x 25 cm*
- *De la toile thermocollante : 45 x 30 cm*
- *1 répertoire de 16 x 21 cm*

LA BRODERIE

Brodez, en 2 fils sur 2 fils. Placez le bout du nez de la souris de droite à 6 cm du côté droit, et à 6 cm du bas du lin.

LA COUTURE

1. Thermocollez l'envers du lin brodé. Repliez sur l'envers le tissu à pois sur 1 cm sur ces 2 hauteurs. Appliquez-le à points glissés sur le lin brodé, en centrant.

2. Enfilez sur le répertoire. Pour créer les rabats, repliez : en haut, puis en bas, puis les petits côtés préalablement rentrés sur 1 cm. Fixez-les à points glissés.

3. Repliez 2 fois sur 0,5 cm une des extrémités de chaque ruban d'organdi, puis également 3 fois dans la largeur. Fixez le rentré sur l'envers des rabats, en centrant dans la hauteur.

Dimensions de la broderie : 14 x 9,5 cm
Dimensions de l'ouvrage terminé : 17 x 21,5 cm

ABC

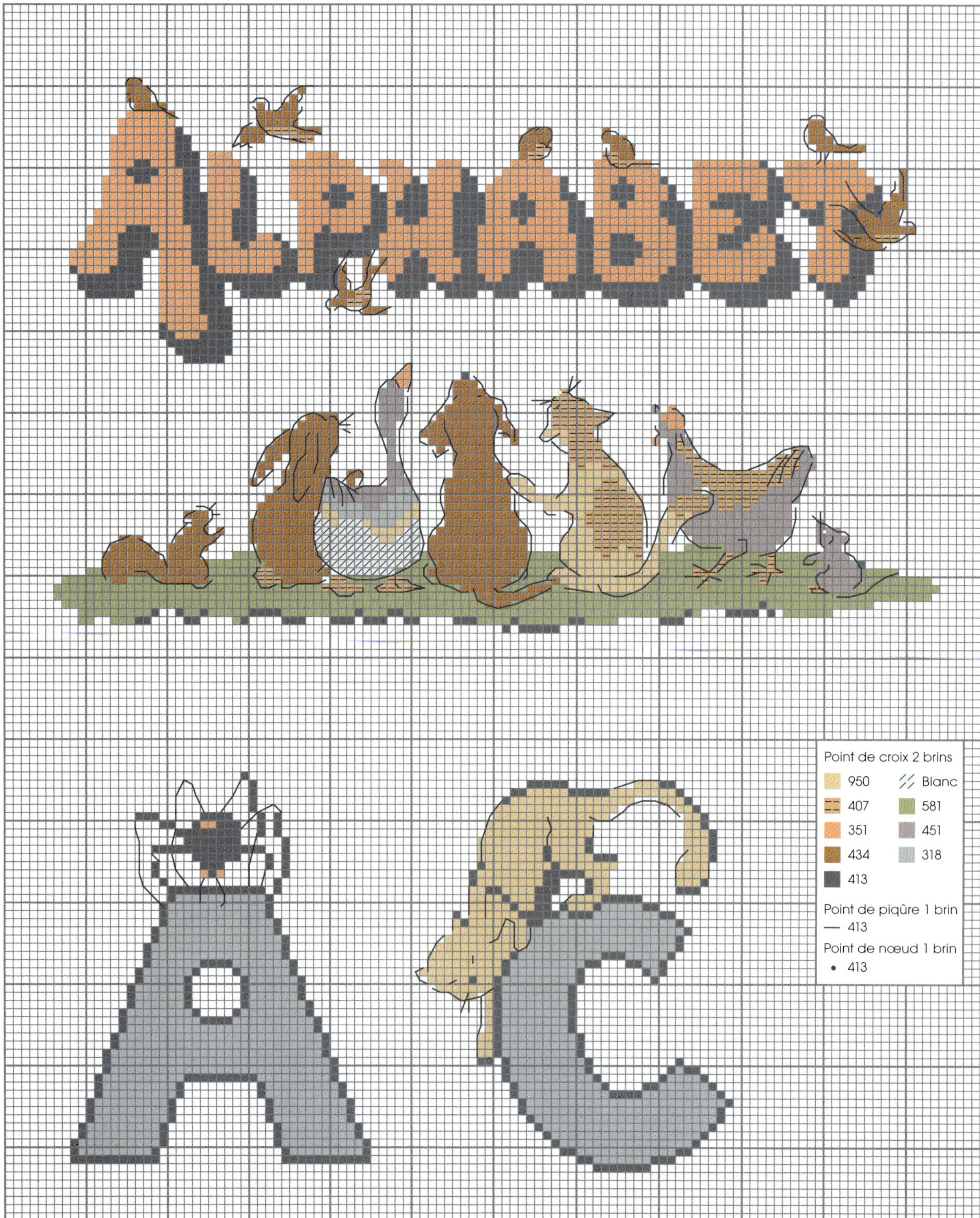
Point de croix 2 brins
950
407
351
434
413
Blanc
581
451
318
Point de piqûre 1 brin
— 413
Point de nœud 1 brin
• 413

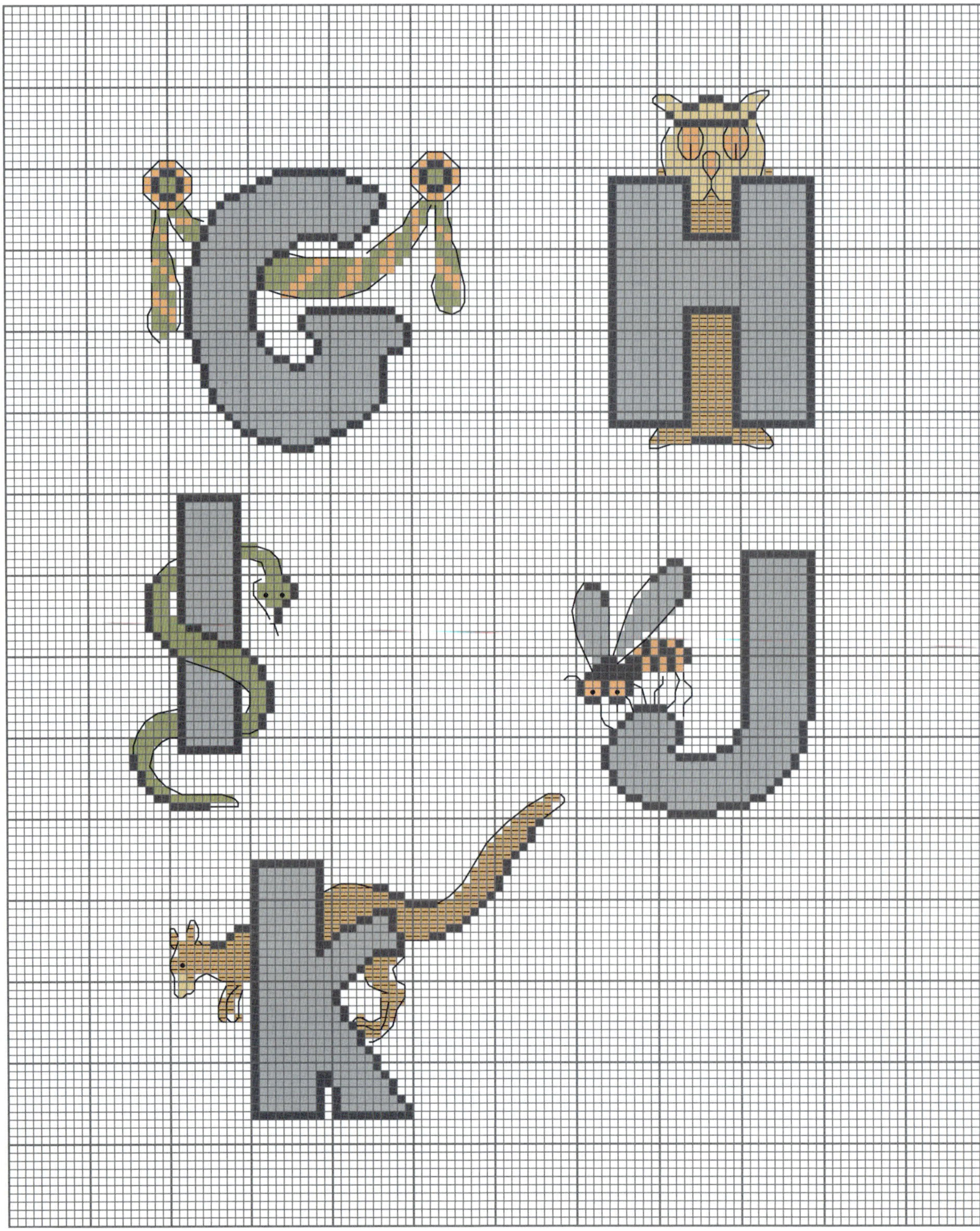

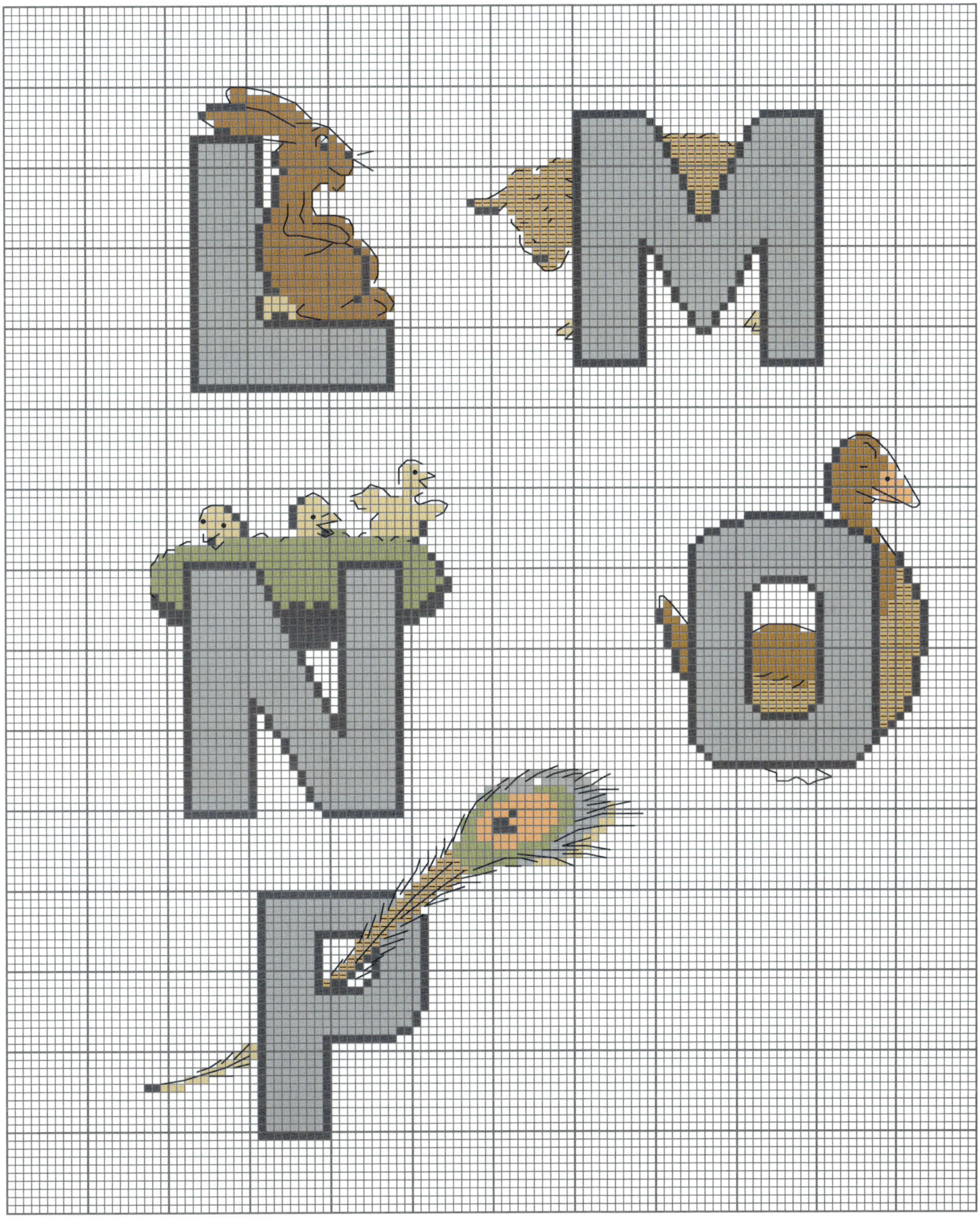

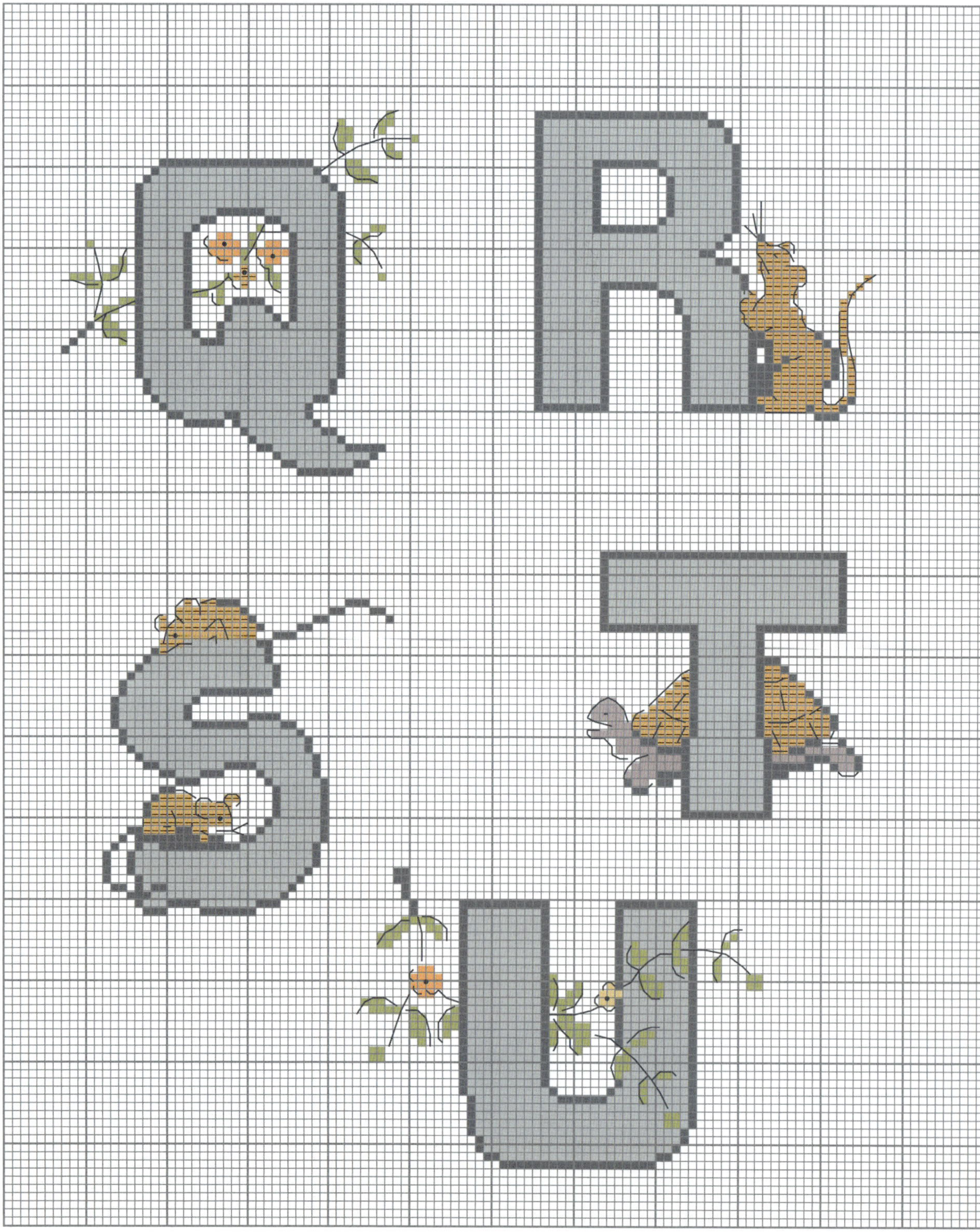
Q
R
S
T
U

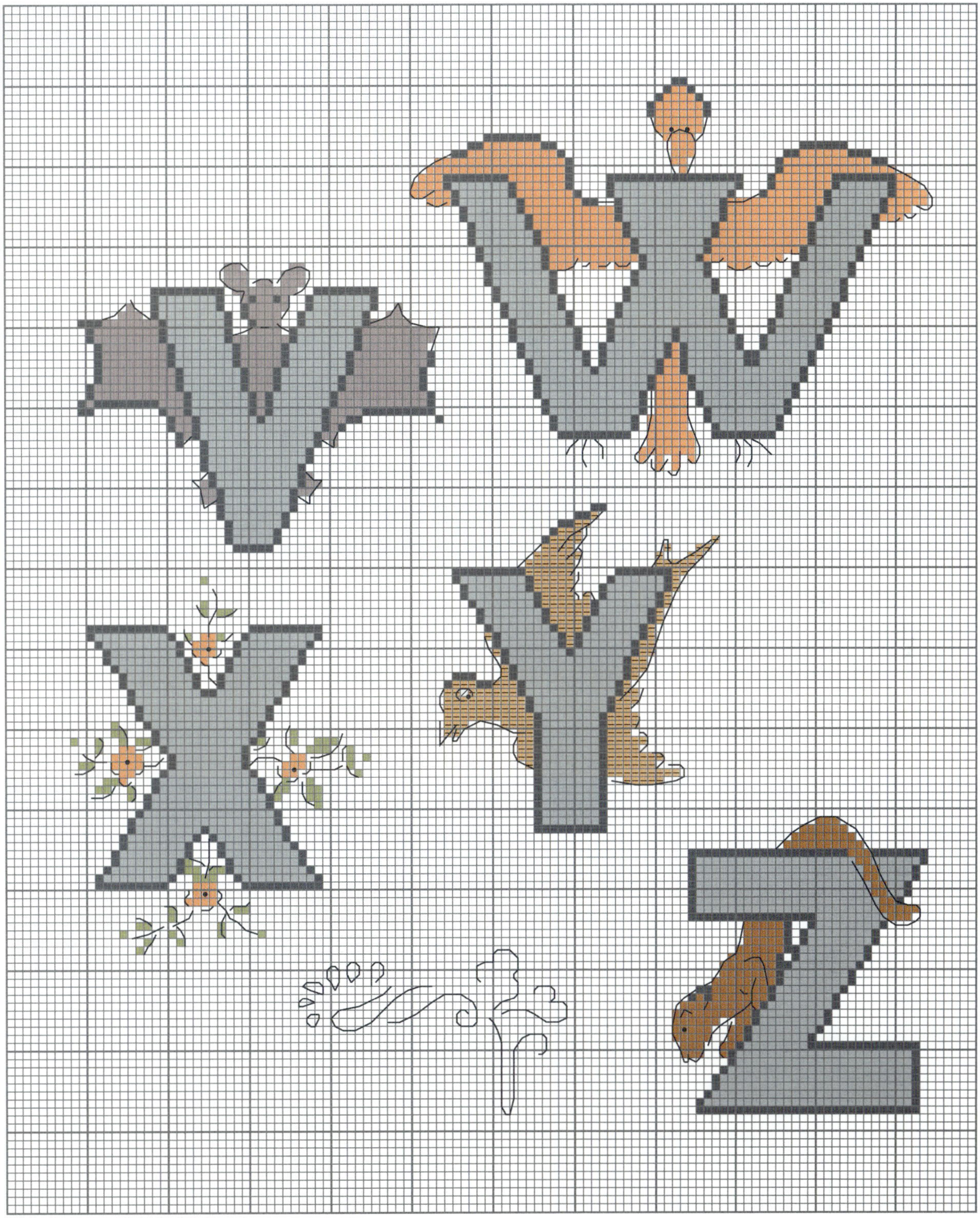

Valentine, la souris

Très délicate, la souris de Benjamin Rabier n'a rien à envier à sa célèbre cousine américaine...

FOURNITURES

- *De la toile de lin 11 fils, ivoire : 25 x 20 cm*
- *Des fils moulinés DMC : 1 échevette de chaque coloris (voir tableau des couleurs)*

LA BRODERIE

Brodez, en 2 fils sur 2 fils, et en centrant le motif sur le rectangle de lin.

Dimensions de la broderie : 18 x 10,5 cm

Point de croix 2 brins
407
350
Blanc
739
453
3863
3772
801
3031
Point de piqûre 1 brin
413
Point de croix 2 brins
407
Point de piqûre 2 brins
352

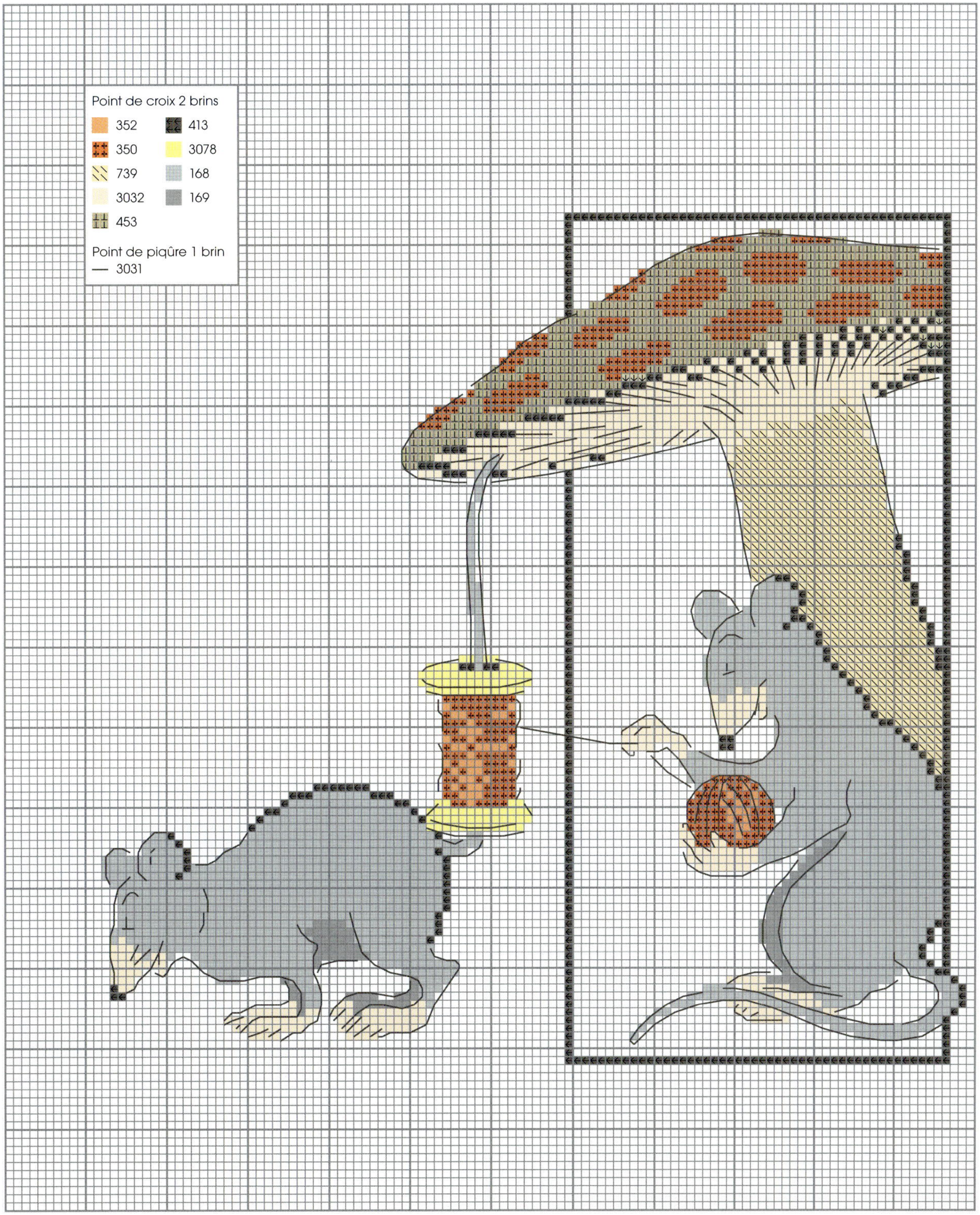
Point de croix 2 brins
352
350
739
3032
453
413
3078
168
169
Point de piqûre 1 brin
— 3031

Gaston, l'éléphant

Aucun risque de « casse » avec
des éléphants aussi agiles et dégourdis !

LA BRODERIE

Brodez, en 2 fils sur 2 fils, et en centrant le motif dans le rectangle de lin.

FOURNITURES

- *De la toile de lin 11 fils, ivoire : 50 x 40 cm*
- *Des fils moulinés DMC : 1 échevette de chaque coloris (voir tableau des couleurs)*

Dimensions de la broderie : 20 x 10,5 cm

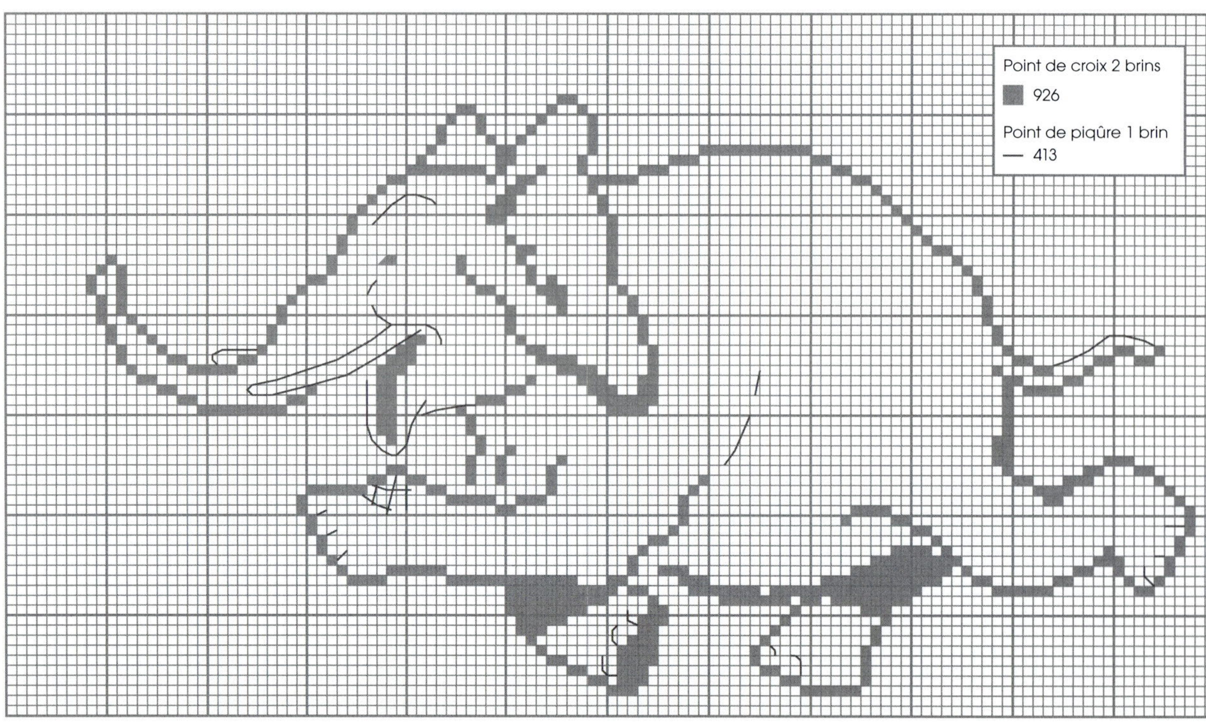

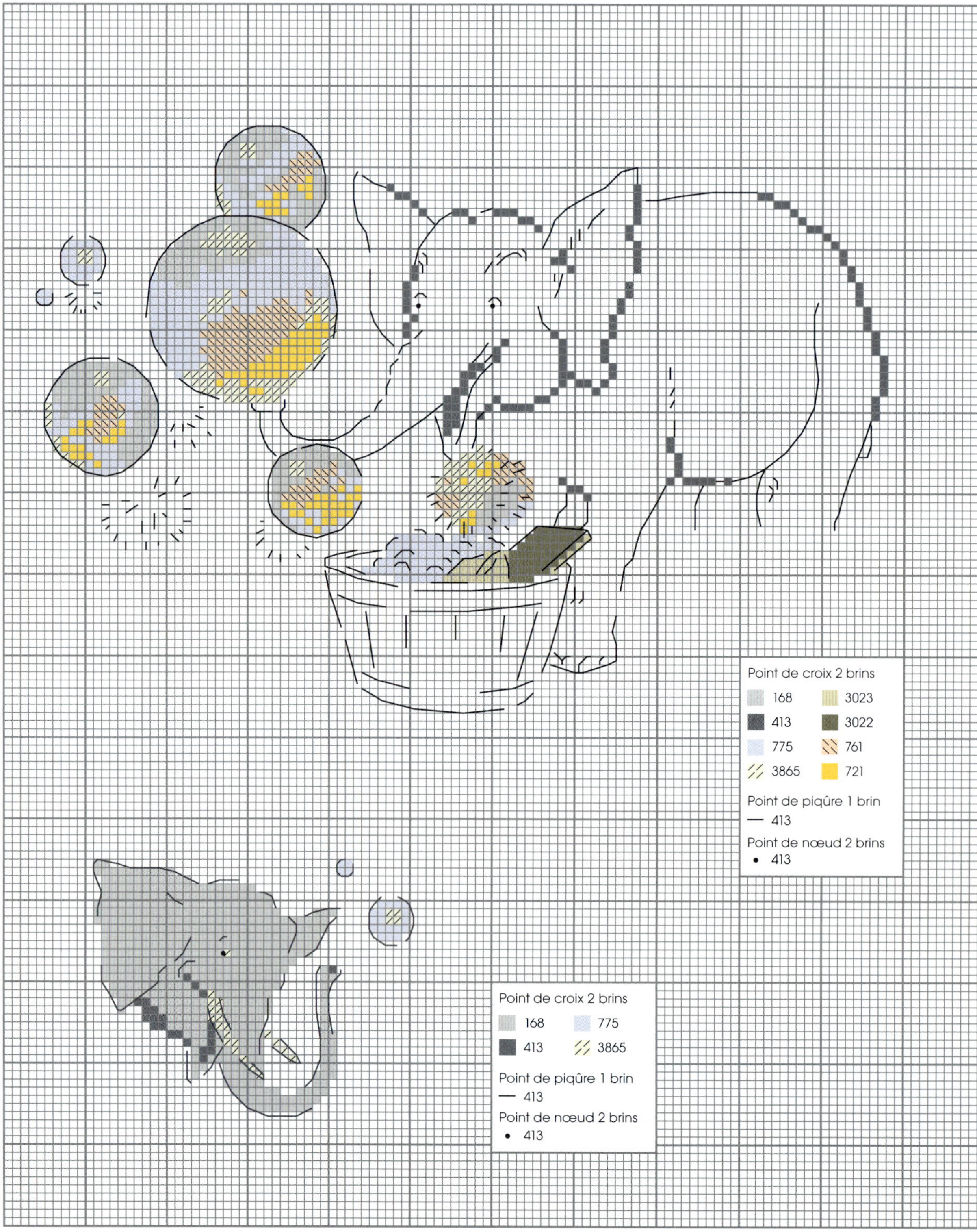
Point de croix 2 brins
168
3023
413
3022
775
761
3865
721
Point de piqûre 1 brin
413
Point de nœud 2 brins
413
Point de croix 2 brins
168
775
413
3865
Point de piqûre 1 brin
413
Point de nœud 2 brins
413

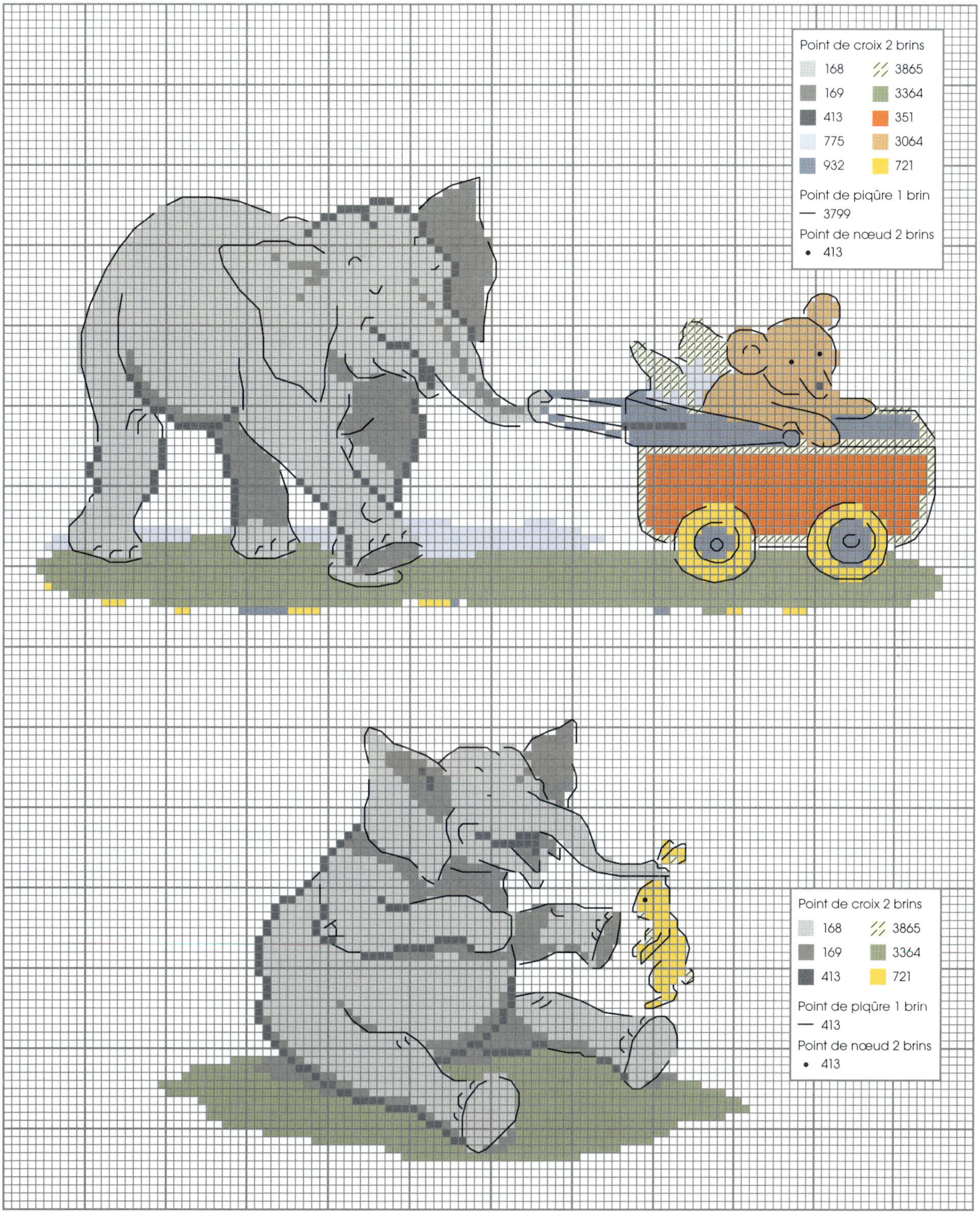
Point de croix 2 brins
168
3865
169
3364
413
351
775
3064
932
721
Point de piqûre 1 brin
— 3799
Point de nœud 2 brins
• 413
Point de croix 2 brins
168
3865
169
3364
413
721
Point de piqûre 1 brin
— 413
Point de nœud 2 brins
• 413

Iconographie

Les Contes du lapin vert, Benjamin Rabier, éditions Tallandier : p. 9, p. 30, p. 34, p. 38, p. 48, p. 60.

Gédéon Grand manitou, Benjamin Rabier, éditions Hoëbeke : p. 3, p. 4, p. 8, p. 9, p. 44, p. 56, p. 60, p. 64.

Achevé d'imprimer en octobre 2010
à Singapour par Tien Wah Press